Alexander Ollischer

Servervirtualisierung

Eine Analyse der Potentiale und der Wirtschaftlichkeit am konkreten Beispiel eines KMU

Ollischer, Alexander: Servervirtualisierung: Eine Analyse der Potentiale und der Wirtschaftlichkeit am konkreten Beispiel eines KMU, Hamburg, disserta Verlag, 2014

Buch-ISBN: 978-3-95425-812-3
PDF-eBook-ISBN: 978-3-95425-813-0
Druck/Herstellung: disserta Verlag, Hamburg, 2014
Covermotiv: © Uladzimir Bakunovich – Fotolia.com

Bibliografische Information der Deutschen Nationalbibliothek:
Die Deutsche Nationalbibliothek verzeichnet diese Publikation in der Deutschen Nationalbibliografie; detaillierte bibliografische Daten sind im Internet über http://dnb.d-nb.de abrufbar.

© disserta Verlag, Imprint der Diplomica Verlag GmbH
Hermannstal 119k, 22119 Hamburg
http://www.disserta-verlag.de, Hamburg 2014
Printed in Germany

Inhaltsverzeichnis

Abbildungsverzeichnis

Tabellenverzeichnis

Abkürzungsverzeichnis

ABC	Activity Based Costing
BIOS	Basic Input Output System
BSC	Balanced Scorecard
BT	Binary Translation
BWL	Betriebswirtschaftslehre
CBA	Cost Benefit Analysis
CFROI	Cash Flow Return On Investment
CMS	Cambridge Monitor System
COCOMO	Constructive Cost Model
CP	Control Program
CPU	Central Processing Unit
CRM	Customer Relationship Management
DART	Dynamic Acceptance Model for the Re-Evaluation of Innovative Technologies
DRS	Distributed Resource Scheduling
ERP	Enterprise Resource Planning
FPM	Function Point Methode
GMP	Good Manufacturing Practices
HA	High Availability
IA32	Intel® Architecture, 32-bit
ILM	Informationslebenszyklusmanagement
IOMMU	Input/Output Memory Management Unit
IRR	Internal Rate of Return
IT	Informationstechnologie
ITIL	IT Infrastructure Library
JVM	Java Virtual Machine
KMU	Kleine und Mittlere Unternehmen
KPI	Key Performance Indicators
NIC	Network Interface Card
NPV	Net Present Value
PBP	Payback Period (Amortisation)
RAM	Random Access Memory
RDC	Remote Desktop Connection

ROI	Return on Investment
SBC	Server Based Computing
SLA	Service Level Agreement
TCO	Total Cost of Ownership
UML	User Mode Linux
USV	Unterbrechungsfreie Stromversorgung
VDI	Virtual Desktop Infrastructure
VI	Virtual Infrastructure
VM	Virtual Machine
VMM	Virtual Machine Monitor
VT	Virtual Technology
WTS	Windows Terminal Services
x64	Herstellerunabhängige Bezeichnung einer 64-bit Architektur
x86	Herstellerunabhängige Bezeichnung einer 32-bit Architektur

1 Einführung

"Die [IT-]Branche ist in ihre post-technologische Periode eingetreten, in der die Technologie an sich nicht mehr länger zentral ist, sondern der Wert, den sie für das Unternehmen erbringt."[1]

Das Zitat spiegelt das Paradoxon kontemporärer IT-Technologien wider. Einerseits ermöglichen Sie den Unternehmen eine nie dagewesene Flexibilität, um auf sich ständig ändernde Wettbewerbsbedingungen zu reagieren und die Unternehmensstrategie mittels IT positiv zu unterstützen, andererseits fällt es zunehmend schwerer, deren tatsächlichen Wertbeitrag monetär zu beziffern und damit die Sinnhaftigkeit und Existenzberechtigung der IT zu untermauern. IT-Investitionen haben für Unternehmen eine strategische Bedeutung, da die „Informationstechnologien (IT) .. die Erfolgspotenziale und die Kostenstruktur der Unternehmen für relativ lange Zeiträume [bestimmen]. Strategie und Investition sind .. im IT-Bereich untrennbar miteinander verbunden und stehen in einer wechselseitigen Beziehung."[2] Die in der Praxis existierenden Wirtschaftlichkeitsanalyseverfahren sind bei direkter Anwendung auf IT-Investitions-projekte mit einem Defizit an erprobten methodischen Vorgehensweisen behaftet und weisen gravierende Quantifizierungsprobleme auf.[3] Unternehmen verlangen daher nach aussagekräftigen wirtschaftlichen Bewertungsverfahren für IT-Investitionsvorhaben, sowohl im Vorfeld (präaktiv) als auch im Anschluss einer Implementierung (postaktiv). Mit den Bewertungsinstrumenten des IT Controlling, welches sich primär auf die konkrete Erfassung von Kosten und Nutzen der IT bezieht, besteht ein Ansatz zur rationalitätssichernden Handhabung von IT Investitionsprojekten.[4] Dennoch weist die einschlägige Literatur darauf hin, „dass die Anforderungen der IT-Investitionen über die Leistungsfähigkeit der klassischen Investitionsrechnung hinausgehen."[5]

Der IT-Anteil an den Gesamtkosten nimmt ebenso wie der Anteil am Investitionsbudget kontinuierlich zu. Diese Entwicklung bewirkt einen erhöhten Bedarf an „betriebswirtschaftlich fundierten Methoden zur Planung, Kontrolle und Steuerung des IT-Bereichs"[6], mit

---

[1] Quelle: [Oku06], S.1
[2] Quelle: [Hir05], S.2
[3] Vgl. [Oku06], S.1
[4] Vgl. [Hir06], S.1
[5] Quelle: [Hir05], S.6
[6] Quelle: [Kes07], S.1

deren Hilfe ein Unternehmen den IT-spezifischen Wertbeitrag identifizieren und bewerten kann. Aktuell leiden viele Unternehmen unter defizitärem IT-Controlling, welches die Ressource IT in ökonomischer Hinsicht beurteilen und steuern soll. Durch die schnell fortschreitende technologische „Entwicklung sowie .. [die] damit verbundenen, scheinbar unerschöpflichen Möglichkeiten zur Rationalisierung bestehender bzw. zur Entwicklung neuer Geschäftsmodelle wird der IT-Einsatz vielfach relativ unkritisch gesehen und der damit verbundene Nutzen nicht weiter hinterfragt." [7] Folge dessen sind Entscheidungen über die Höhe des IT-Budgets und die Implementierung innovativer IT-Technologien häufig von Intuition geprägt und maßgeblich von der IT-Affinität der IT-Verantwortlichen abhängig.

Die Diskussion um die Wirtschaftlichkeit von IT-Investitionen hat nach dem Platzen der New-Economy-Blase um die Jahrtausendwende und der damit einhergehenden Kapital-restriktion einen hohen Bedeutungsgrad erlangt. Es stehen nicht mehr nur die technolo-gischen, teils revolutionären und visionären Möglichkeiten der IT im Vordergrund, sondern muss auch deren Wirtschaftlichkeit hinterfragt und einer kritischen Bewertung unterzogen werden. Hinzu kommen zahlreiche Meldungen über gescheiterte oder kostensprengende IT-Projekte, v.a. im staatlichen Umfeld (z.B. Toll Collect, die elektronische Gesundheitskarte, LiMux, der Virtuelle Arbeitsmarkt (VAM) der Bunde-sagentur für Arbeit, Herkules, o.ä.), welche zunehmend zur Verunsicherung bei der Initiierung umfangreicher IT-Investitionen beitragen.[8] Erst mittels geeigneter Methoden können Kosteneinsparungs- und Nutzenpotenziale qualitativ und quantitativ messbar gemacht und IT-Investitionen beurteilt werden. „Wirtschaftlichkeitsanalysen schaffen Transparenz über den Wertbeitrag einer IT-Investition zum Unternehmen."[9]

1.1 Wahl der Thematik

Der Autor[10] dieser Arbeit ist langjähriger Angestellter bei einem Münchener IT-Dienstleister, der Afontis IT+Services GmbH[11]. Im Rahmen seiner Tätigkeit als IT Business Manager konzeptioniert, implementiert und administriert er IT-Infrastrukturen auf Basis der Microsoft-, Citrix- und VMware-Produktpalette. Während seiner Arbeit

---

[7] Quelle: [Kes07], S.1
[8] Vgl. [Hir05], S.1
[9] Quelle: [Hir05], S.3
[10] Vgl. https://www.xing.com/profile/Alexander_Ollischer
[11] Vgl. http://www.afontis.de

mit den verschiedensten Kunden wurde er immer wieder mit der Frage konfrontiert, inwieweit eine IT-Investition für das jeweilige Unternehmen als wirtschaftlich sinnvoll erachtet werden kann. Das Studium der Wirtschaftsinformatik trug dazu bei, den Aspekt der Wirtschaftlichkeit einer IT-Investition bearbeiten und eine Antwort auf diese Fragestellung finden zu können. Vor allem beim Einsatz von Virtualisierungstechnologien wird häufig von den positiven Begleiterscheinungen in Form von Kostenersparnis, der verbesserten Wirtschaftlichkeit und des frühzeitigen Return On Investment (ROI) gesprochen. Diese Aussagen auf ihre Gültigkeit hin zu überprüfen und den Grad der Wirtschaftlichkeit konkret aufzuzeigen, ist die Motivation, die den Autor zu der Wahl des Themas dieser Arbeit veranlasste.

Ein langjähriger Kunde der Afontis, entschied sich Ende 2008 für die Konsolidierung seiner IT-Infrastruktur durch Virtualisierung auf Basis des VMware ESX 3.5, um die damit verbundenen Vorteile, u.a. die häufig genannte Optimierung der Wirtschaftlichkeit der eingesetzten Betriebsmittel, nutzen zu können. Um letztlich eine fundierte Aussage bzgl. der Wirtschaftlichkeit einer IT-Investition in Form einer virtualisierten Infrastruktur (kurz: VI) innerhalb eines KMU treffen zu können, sind geeignete quantitative Methoden und Analyseverfahren zu identifizieren, die fallspezifisch angewendet werden können und eine individuell-konkrete Aussage hinsichtlich der Wirtschaftlichkeit zulassen. Das Unternehmen zeigte sich bei Vorstellung des Themas dieser Arbeit sehr interessiert und unterstützte den Autor zu jeder Zeit uneingeschränkt. Über die konkrete Wirtschaftlichkeit einer IT-Investition wurde häufig sinniert, eine echte Überprüfung blieb aber bisher aus. Mit dieser Arbeit wird der Autor das ökonomische Potenzial einer VI an einem spezifischen Investitionsfall aufzeigen und mit konkreten Zahlen belegen.

1.2   Ziel und Aufbau der Studie

Die Studie verfolgt das Ziel, eine aus den unterschiedlichen zur Verfügung stehenden Methoden und Modellen zur Wirtschaftlichkeitsanalyse geeignete Maßnahme zu filtern und konkret auf den in der Fallstudie dargestellten Investitionsfall anzuwenden. Die Fallstudie beschreibt ein Projekt der Serverkonsolidierung durch Virtualisierung bei einem mittelständischen produzierenden Unternehmen und soll darlegen, inwieweit der Einsatz von Virtualisierungstechnologien dazu geeignet ist, die inhärenten ökonomischen Ziele des Unternehmens zu erreichen und diese durch eine kritische Bewertung in Form einer Wirtschaftlichkeitsanalyse erfüllt werden. Die Arbeit leitet mit der Darstellung des Themenkomplexes „Virtualisierung" ein und umfasst neben der Historie die Erläuterung aktueller Virtualisierungstechnologien und -arten. Anschließend werden als weiterer Themenkomplex die aktuellen Herausforderungen der Wirtschaftlichkeitsanalyse von IT-Investitionen mithilfe der verfügbaren Wissenschaftsliteratur identifiziert und beschrieben. Es werden die für eine Wirtschaftlichkeitsanalyse erforderlichen Begrifflichkeiten der IT-Investition, der Kosten, des Nutzens und der Wirtschaftlichkeit erarbeitet, gefolgt von einem schematischen Überblick verfügbarer Methoden und Modelle, die zur Wirtschaftlichkeitsanalyse einer IT-Investition herangezogen werden können. Anschließend werden die mit der Wissenschaftsliteratur erarbeiteten Kenntnisse mittels Fallstudie angewendet und deren Ergebnis präsentiert. Die Fallstudie umfasst dabei die Darstellung des zu untersuchenden Unternehmens, einen kurzen Abriss des IT-Projekts „Virtualisierung" und die Analyse der Motivation sowie der Ziele, die das Unternehmen mit der Implementierung der VI verfolgt. Die Arbeit setzt mit der Evaluierung der Wirtschaftlichkeit der VI fort, indem die Charakteristika der IT-Investition analysiert und eine für sie adäquate Methode zur Bewertung ihrer Wirtschaftlichkeit identifiziert und angewendet wird. Die gewählte Methode und die Rahmenbedingungen für ihre Anwendung werden dargelegt, um darauf aufbauend die Wirtschaftlichkeitsanalyse durchzuführen und deren Ergebnis zu präsentieren. Im Rahmen der Ergebnispräsentation wird überprüft, welche ökonomischen Ziele das Unternehmen erreichen konnte. Die Fallstudie wird mit der Darstellung von weitergehenden Potenzialen, die eine VI bieten kann, abgeschlossen. Die Arbeit endet mit einer Zusammenfassung.

1.3 Abgrenzung

Im Kontext dieser Studie ist es von essentieller Bedeutung, eine Abgrenzung des zu behandelnden Themas vorzunehmen und dem Leser eine klare Vorstellung vom Inhalt dieser Studie zu vermitteln. Wenn in dieser Arbeit von Virtualisierung gesprochen wird, so steht grundsätzlich die Virtualisierung des (Server)Betriebssystems im Vordergrund. Weitere Virtualisierungstechnologien, wie z.B. die Virtualisierung von Massenspeicher (engl. „Storage") oder Netzwerken, sind nicht Bestandteil dieser Arbeit. Zusätzlich ist es notwendig eine Abgrenzung zur Emulation vorzunehmen. Darüber hinaus kann diese Arbeit keine allgemeingültigen Aussagen, Empfehlungen oder eine sogar vorgeblich alles lösende Formel hinsichtlich individuell geeigneter Virtualisierungslösungen geben. Die Entscheidung Pro oder Contra einer spezifischen Virtualisierungstechnologie ist von vielen Faktoren abhängig, die es im Einzelfall immer zu prüfen und zu bewerten gilt. Zudem liegen in jeder Infrastruktur spezielle Bedingungen und Anforderungen vor, die stets zu analysieren und zu berücksichtigten sind. Detaillierte Ausführungen zur Projektierung, Implementierung, und Administration einer virtuellen Infrastruktur sind nicht enthalten.

Bei der Anwendung geeigneter Methoden und Analyseverfahren zur Evaluierung der Wirtschaftlichkeit von IT-Investitionen liegt der Schwerpunkt ausschließlich bei (in dieser Fallstudie) direkt anwendbaren Methoden. Es findet keine Aufschlüsselung sämtlicher zur Verfügung stehender Methoden im Rahmen eines Analyse-Frameworks in Anlehnung an [Hir05] statt. Stattdessen wird die verwendete Literatur zur Identifika-tion geeigneter Methoden herangezogen, um die Vielfalt der Methoden sinn-voll einzugrenzen und situativ eine passende Methode auf die Fallstudie anzuwenden. Anschließend wird in Abhängigkeit der IT-Investition, ihrer Rahmenbedingungen und der Methodenwahl eine präaktive (ex-ante) oder postaktive (ex-post) Wirtschaftlich-keitsanalyse durchgeführt. Dabei wird ausschließlich auf vorhandenes und belegbares Datenmaterial zur Auswertung zurückgegriffen.

2 Virtualisierung

2.1 Grundlagen der Virtualisierung

Im Folgenden werden die Grundlagen der Virtualisierung dargelegt, um ein ganzheitliches Verständnis für die in dieser Arbeit beschriebenen Technologien zu vermitteln. Neben einer Definition des Begriffs der Virtualisierung wird ein historischer Überblick der Virtualisierung, deren Ausprägungsformen, der derzeit verfügbaren Technologien und entsprechender Produkte gegeben.

2.1.1 Was bedeutet Virtualisierung?

Virtualisierung ist ein zeitgenössisches Schlagwort, welches einen großen Bekanntheitsgrad und eine hohe Popularität sowohl im Kreise von IT-Spezialisten als auch bei leitenden IT-Verantwortlichen genießt. Sie hat sich „im x86-Rechnerumfeld in den letzten zehn Jahren von einem Experiment im universitären Umfeld zu einer nicht mehr wegzudenkenden Technologie in der professionellen IT entwickelt."[12] Virtualisierung ist keine neue Erfindung, keine konkrete Technologie, sondern ein Konzept, welches bereits in den 1960er Jahren entwickelt wurde und im Wesentlichen der Partitionierung[13] großer Mainframes zur effizienteren Nutzung der teuren Hardware diente. Die ursprüngliche „Idee wurde lediglich auf .. [die in dieser Zeit] populäre .. [x86-Architektur] portiert."[14] Seit mittlerweile drei Dekaden in der Entwicklung, ist die Virtualisierung heute in vielen Ausprägungen präsent und deckt bereits mehrere Aspekte der modernen IT ab, vom einzelnen Desktop bis hin zur gesamten Organisation. Viele Hersteller und Anbieter haben den Begriff der Virtualisierung aufgegriffen, um ihre Produkte zu kategorisieren und ihren Kunden den Aufbau einer umfassenden virtuellen Infrastruktur zu ermöglichen. Dabei wurde schnell deutlich, „dass hinter dieser Technologie ein enormes Potenzial zur Optimierung der Rechnernutzung steckt"[15], denn „Virtualisierung scheint gleichzeitig Trend, Hype, Verheißung und Wundermittel in Sachen Kostenersparnis zu sein."[16]

---

[12] Quelle: [Run08], S.27
[13] d.h. der Aufteilung in mehrere kleine logische Einheiten
[14] Quelle: [Run08], S.27
[15] Quelle: [Run08], S.27
[16] Quelle: [Run08], S.34

Um den Begriff „Virtualisierung" und das dazugehörige Konzept ganzheitlich zu definieren, müssen die zahlreichen Aspekte der Virtualisierung identifiziert und dargestellt werden. Zahlreiche Definitionen sind in der Literatur und im Internet zu finden. Demzufolge ist die Definition stark vom verwendeten Kontext des Begriffs abhängig. Folgende Definitionsansätze verdeutlichen den Facettenreichtum des Virtualisierungskonzepts und lauten wie folgt:

- „Virtualisierung ist eine Methode, um Hardware innerhalb einer Software-Plattform zu emulieren."[17]

- „Mit Hilfe der Virtualisierungstechnik lassen sich mehrere, gegeneinander abgeschottete Anwendungsumgebungen auf einer Plattform betreiben."[18]

- Virtualisierung ist „ein Sammelbegriff für eine Vielzahl unterschiedlicher software- und hardware-basierter Methoden, die es erlauben, Ressourcen eines Computers aufzuteilen und mehrere, voneinander unabhängige Systeme der gleichen Prozessorarchitektur auf einem leistungsfähigen Host-System zu betreiben."[19]

- „In der Informatik bezeichnet man mit dem Begriff Virtualisierung ein Verfahren, das eine Aufteilung oder Verteilung verfügbarer Ressourcen auf mehrere Systeme ermöglicht."[20]

Bestimmte Konzepte wiederholen sich in allen aufgeführten Definitionen und kristallisieren sich heraus:[21]

- Abstraktion
- Simulation / Emulation
- Sharing
- Partitionierung
- Isolation / Kapselung
- Aggregation

Daraus abgeleitet bedeutet Virtualisierung die parallele Ausführung von mehreren virtuellen Maschinen (VM) mit heterogenen Eigenschaften, d.h. inklusive ihrer jeweiligen Betriebssysteme und ihrer Anwendungen, auf ein und derselben Hardware (dem sog. Host).

---

[17] Quelle: [Men08], S.7
[18] Quelle: [Zim06], S.65
[19] Quelle: [Spr07], S.31
[20] Quelle: [Lar09], S.6
[21] Vgl. [Kir07], S.101

Eine Virtualisierungsschicht (synonym: Virtualisierungslayer[22]) realisiert diese Abstraktion, indem sie sich zwischen den virtuellen Maschinen und der physischen Hardware eingliedert und als Mittler zwischen beiden Welten fungiert. Die VMM täuscht dem Betriebssystem in der VM eine eigene Hardware mit eigenem BIOS vor, einen eigenen kompletten Rechner. Zudem sorgt die VMM für die erforderliche Isolation der VMs untereinander, um einen gegenseitige Beeinflussung auf Programmebene zu verhindern. „Virtualisierung kann … als eine logische Schicht zwischen Anwendung und Ressource definiert werden, die die physikalischen Gegebenheiten versteckt.“[23] Diesen Vorgang bezeichnet man als Abstraktion (siehe Abbildung 1).

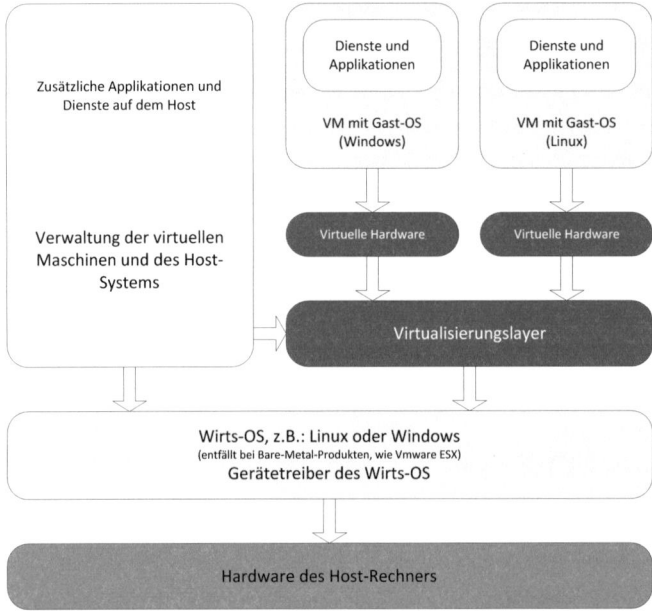

Abbildung 1 - Konzept der Virtualisierung mittels VMM und virtualisierter Hardware[24]

Heute wird der Themenkomplex Virtualisierung vielfach mit den Produkten aus dem Bereich der Servervirtualisierung von VMware, Microsoft und Xen-basierten Lösungen in Verbindung gebracht. Abseits des ‚Klassikers' Servervirtualisierung erscheinen weitere, innovative Virtualisierungslösungen für viele Bereiche der IT, wie z.B. Storage-, Netzwerk-, Applikations- und Desktopvirtualisierung.

---

[22] Kurzform: VMM (Virtualization Machine Monitor)
[23] Quelle. [Run08], S.52
[24] Quelle: [Ahn07], S.37

2.1.2 Historie der Virtualisierung

Dieses Kapitel gibt einen chronologischen Überblick der bedeutendsten Ereignisse in der Evolution der Virtualisierung. Die Auflistung umfasst lediglich die signifikantesten technologischen Errungenschaften und die wesentlichen Fortschritte in den letzten 50 Jahren, die im Zuge der Virtualisierung erzielt wurden. Im allgemeinen Bewusstsein ist die Virtualisierung noch ein junges Teilgebiet der IT. Ein Blick in die Literatur und auf den Zeitstrahl im Anhang verdeutlicht jedoch, dass das Konzept schon früh geboren und stets weiter entwickelt wurde. Jedoch konnte erst der technologische Fortschritt der jüngsten Vergangenheit dazu beitragen, das Virtualisierungskonzept voranzutreiben und die für ein breites Einsatzszenario erforderliche Akzeptanz zu fördern.

In ihrer konzeptionellen Form war die Virtualisierung in den 1960er Jahren eher bekannt unter dem Begriff des „Time Sharing". Christopher Strachey, welcher als erster Professor im Bereich der Computerwissenschaft an der Universität von Oxford lehrte und mit seiner Abhandlung „Time Sharing in Large Fast Computers" am 20. Juni 1959 den Start für die Virtualisierungstechnologie initiierte, ist als Namensgeber und Pionier zu betrachten. In seiner Publikation beschreibt er einen logischen Prozessor, auf welchem Programme wie auf einem realen Prozessor ausgeführt werden können. Ein ‚Scheduler' ordnet den logischen dem realen Prozessor zu. Damit führte er den Vorläufer des heute bekannten Konzepts der Multiprogrammierung ein und ermöglichte damit die maximale Ausnutzung von Rechnerressourcen. Auf diese Weise konnten die zu seiner Zeit kostbaren Rechenzeiten effizienter genutzt werden. Diese Art der Multiprogrammierung fungierte zugleich als Vorläufer des heute üblichen Multitasking.[25]

Im Dezember 1962 wurde in Manchester der zu dieser Zeit rechenstärkste Computer namens ATLAS der Weltöffentlichkeit präsentiert. Dieser bot eine Technologie, welche den Zugriff auf eine Speicherseite ermöglichte, die sich nicht im Hauptspeicher, sondern im Auslagerungsspeicher befand. Dieser einstufige virtuelle Speicher ermöglichte erstmals das sog. „Demand Paging". Damit konnte der Hauptspeicher virtualisiert werden, was beim ATLAS zu einer Kosteneinsparung führte.[26] Im Jahr 1965 folgte das Experiment M44/44X, welches von IBM am Thomas J. Research Center durchgeführt wurde und der ATLAS-Architektur sehr ähnlich war. Es basierte auf dem IBM 7044 als

---

[25] Vgl. [AnI04], [Mar06], [Wil07]
[26] Vgl. [Mar06], [Wil07]

Hauptrechner (alias M44), auf welchem mehrere virtuelle Maschinen simuliert wurden (alias 44X). Dieses Projekt kreierte den Begriff der „virtuellen Maschine" und diente der Erforschung der Auslagerung von Arbeitsspeicher, dem Konzept der virtuellen Maschinen und der Messung der Rechenleistung. Es wurde IBM's Beitrag zum aufstrebenden Time Sharing Konzept.[27]

IBM stellte weiterführende Forschungen auf dem Gebiet virtueller Maschinen an, indem sie das CP/CMS-System am Cambridge Scientific Center entwickelte. Es war ein weiteres Time Sharing System, welches aus zwei Komponenten bestand: dem „Control Program" (CP) und dem „Cambridge Monitor System" (CMS). Das Projekt sollte die Realisierbarkeit vollständiger Virtualisierung beweisen. In Anlehnung an ein Multi-User-System wurden beim CP/CMS-Konzept mehrere Kopien von Single-User-Systemen in virtuellen Maschinen (VM) ausgeführt. Dabei wurde die physikalische Hardware innerhalb der VMs abstrahiert. Das erste CP/CMS-Systeme namens CP-40 war die Geburtsstunde des Hypervisor und ermöglichte erstmals die vollständige Virtualisierung eines Betriebssystems. ATLAS und M44/44X von IBM stellen die evolutionären Generationen der Virtualisierung da.

Robert P. Goldberg stellte im Februar 1972 die erste theoretische Abhandlung zum Thema virtueller Maschinen vor. In seiner Promovation „Architectural Principles of Virtual Machines" definierte er die grundsätzlichen Elemente einer virtuellen Maschine und beschreibt die VM als effiziente Kopie einer realen Maschine. Die wesentlichen Aspekte einer VM stellen der VMM, die Trennung der Befehlssätze in sensitive („privileged") und nicht-sensitive („non-privileged") Instruktionen sowie die Isolation der VMs dar. In den 1980er und 1990er Jahren sorgte der massive Anstieg der Rechnerleistung, günstige x86-Hardware und die damit einhergehende Zunahme von Client-Server-Applikationen dafür, das Modell des verteilten Rechnens zu begünstigen und folglich die Virtualisierung in den Hintergrund zu drängen. Der x86-Befehlssatz wurde zur dominanten Architektur und etablierte das Client-Server-Modell mit seinem Axiom des verteilten Rechnens. Dieses Modell offenbarte jedoch seine Schwächen, u.a. in Form niedriger Ressourcenauslastung sowie steigender Kosten für Aufbau, Erhalt und Management der Infrastruktur.[28]

---

[27] Vgl. [Mar06], [Wil07]
[28] Vgl. [Vir09], [Men08]

Im Jahre 1988 wurde eine kleine Firma namens Connectix Corporation gegründet. Sie bot Lösungen für Apple Macintosh Systeme an und wurde für ihre Innovationskraft bekannt. Ein Beispiel hierfür ist deren Mode32, welches dazu beitrug, das Problem der 32bit-Speicheradressierung der Motorola 68020 und 68030 Prozessoren der früheren Macs zu lösen, da die verwendeten Betriebssysteme noch nicht 32bit-fähig waren. Weitere erfolgreiche Produkte stellten der SpeedDoubler, gefolgt vom RAM Doubler dar. Das entscheidende Produkt wurde mit dem „Virtual PC" zur Marktreife gebracht. Es diente PowerPC-basierten Mac OS-Systemen als Virtualisierungslösung für Windows und ermöglichte die Emulation einer virtuellen Maschine für x86-basierte Betriebssysteme auf Basis einer ausgeklügelten „Binary Translation Engine", die Anweisungen eines virtuellen x86-Prozessors auf eine physischen PowerPC-Prozessor eines Mac übersetzen konnte. Diese Art der Emulation ebnete den Weg für Connectix in die Virtualisierungstechnologie. Eine Weiterentwicklung dieses Produktes war „Virtual PC for Windows" und gestattete es dem Intel®-Nutzer (IA32), auf einem Windows als Wirtssystem mehrere x86-Betriebssysteme als Gastsysteme einzusetzen.[29]

Sun Microsystems, Inc. entwickelte 1991 die sog. „Java Virtual Machine" (kurz: JVM), die ähnlich einer P-Maschine agiert. Die JVM ist für die Ausführung des Java-Bytecode verantwortlich. Dabei wird i.d.R. jedes Java-Programm in seiner eigenen VM ausgeführt. Die JVM wird auf dem realen Rechner emuliert. Ebenfalls von Sun Microsystems, Inc. wurde 1993 die kommerzielle Software „Wabi" (Windows Application Binary Interface) entwickelt. Sie implementierte die Win16-API-Spezifikationen in Solaris und war erstmalig in der Lage, Software unverändert auf einem nicht-proprietären Betriebssystem zu betreiben und Programme auf einer anderen als der ursprünglich geplanten Architektur auszuführen. Der konkrete Einsatzzweck zielte auf die Ausführung von Windows-Applikationen direkt unter dem Betriebssystem Solaris, sowohl auf der SPARC- als auch der x86-Plattform.

Das Wine-Projekt (Wine is not an Emulator) wurde im gleichen Jahr (1993) von Bob Amstadt und Eric Youngdale initiiert. Sie ließen sich vom Erfolg des Wabi-Projekts inspirieren. Das ursprüngliche Ziel war die volle Unterstützung von Win16-Applikationen. Der Fokus des nach wie vor in Entwicklung befindlichen Wine liegt nun bei Win32-Applikationen. Wie das Akronym ‚Wine' andeutet, handelt es sich bei Wine nicht um einen Emulator, sondern eine Portierung der Windows-API auf GNU/Linux

---

[29] Vgl. [Mar06]

und andere Unix-Derivate, wobei Systemaufrufe an den Unix- bzw. Linux-Kernel sowie das X Window System oder Cocoa (unter MacOS X) weitergereicht werden.

Mit einem modifizierten Linux-Kernel erzielte Jeff Dike 1999 einen weiteren Fortschritt. Der modifizierte Linux-Kernel konnte als unprivilegierter Prozess gestaltet und dadurch in mehreren Instanzen auf derselben Architektur ausgeführt werden. Er nannte diese Entwicklung "User Mode Linux" (kurz: UML). Die Einsatzmöglichkeiten von UML sind vielfältig:

Zehn Jahre nach Gründung der Firma Connectix, im Jahr 1998, wurde die Firma VMware, Inc. von Diane Greene, ihrem Ehemann Dr. Mendel Rosenblum, Zachary Palmmer, Joseph Gayzowski und Edouard Bugnion gegründet. Die Gründungs-mitglieder patentierten noch im selben Jahr eine neue Virtualisierungstechnologie basierend auf Untersuchungen, die sie an der Stanford Universität betrieben hatten. Dieses Patent mit der Nummer 6,397,242 und der Bezeichnung "Virtualization system including a virtual machine monitor for a Computer with segmented Architecture" wurde am 28.05.2002 ausgezeichnet.[30] Das erste kommerzielle x86-basierte Virtualisierungsprodukt namens „VMware Workstation" wurde am 08.02.1999 mit der VMWare Virtual Platform eingeführt. Im Jahr 2000 veröffentlichte VMware das Produkt GSX Server 1.0 (Type-2 VMM), im Jahr darauf den ESX Server 1.0 (Type-1 VMM). Beide Produkte werden bis heute weiter entwickelt. Diesen Produkten ist gemein, dass sie alle in der Lage sind, die x86-Architektur umfassend zu virtualisieren. Neben einem eigenen BIOS können sie der VM auch ein komplettes Set an Hardware bereitstellen, z.B. eine Grafikkarte, Netzwerk-Adapter, Festplatten, etc.. Darüber hinaus kann der Host mittels entsprechender Treiber dem Gast auch Zugriff auf USB-, serielle und parallele Schnittstellen gewähren. Die Zugriffe auf die Hardware werden durch den VMM überwacht und gesteuert.

Mit der Übernahme von Connectix im Jahr 2003 steigt Microsoft in den Markt für Virtualisierungstechnologien ein. Dabei erwirbt Microsoft die Rechte an Virtual PC und der weit fortgeschrittenen Version Virtual Server. Letzteres wird als „Microsoft Virtual Server 2005" im September 2004 veröffentlicht. Im April 2006 veröffentlichte Microsoft den „Virtual Server 2005 R2 Enterprise Edition" als freien Download, um besser mit den freien Virtualisierungslösungen der Mitbewerber (VMware und Xen) konkurrieren zu können. Mit dem SP1 wurde dem Produkt nachträglich die Unterstützung für Intel® VT und AMD-V™ hinzugefügt. Diese Hardwareunterstützung wiederum ist

---

[30] Vgl. [Mar06], [Fre02], [Dev02]

zwingend erforderlich für den im Juni 2008 veröffentlichten Typ-1-Hypervisor namens „Hyper-V" (hostless oder bare-metal), welcher Bestandteil der x64-basierten Windows Server 2008 Produktpalette ist.[31]

Um die Schwierigkeiten bei der vollständigen Virtualisierung von x86-Plattformen zu mindern[32], unternehmen Intel® und AMD seit dem Jahr 2005 Anstrengungen, hardwareseitige Unterstützung eine Befehlssatzerweiterung direkt in die CPUs zu implementiert. Diese Technologien namens Intel® VT und AMD-V™ profitieren gegenüber reinen Softwarelösungen von einer höheren Geschwindigkeit.

2.1.3 Zweck und Ziele der Virtualisierung

Wie der vorangegangene Abschnitt zeigt, haben die Ansätze zur Virtualisierung ihren Ursprung in der Mainframe-Technik. „Das primäre Ziel einer Virtualisierung besteht darin, dem Anwender eine Abstraktionsschicht zur Verfügung zu stellen, die von der eigentlichen Hardware … isoliert ist."[33] Durch eine logische Schicht, welche zwischen Hardware und Anwender platziert wird, greifen Applikationen in der VM auf emulierte Hardware zu. Diese Emulation übernimmt der VMM.

Speziell die folgenden Argumente sind als Vorteile einer Virtualisierung zu betrachten und repräsentieren verfolgenswerte Ziele:[34]

- Vereinfachung und Optimierung der Infrastruktur
- Einheitliche Verwaltungsoberfläche für alle virtuellen Maschinen
- Reduzierung der Kosten für Hardwareanschaffung und -wartung
- Reduzierung der Betriebskosten
- Konsolidierung und Nutzung von bisher ungenutzten Systemressourcen
- Erhöhung der Effizienz der eingesetzten Systeme
- Kostengünstige und einheitliche Produktionsumgebungen

Der Markt der Virtualisierungstechnologien bietet derzeit drei Produktkategorien: die Server-, die Storage- und die Desktopvirtualisierung. Jede Produktkategorie verspricht

---

[31] Vgl. [Mar06]
[32] Siehe Abschnitt 2.1.4
[33] Quelle: [Lar09], S.6
[34] Vgl. [Lar09], S.16

Vorteile in der Nutzung, die sich in Effizienzsteigerung, Energieverbrauch und Manage-mentbarkeit manifestieren.[35]

2.1.4 Herausforderungen bei der Virtualisierung der x86-Architektur

Wie im Abschnitt 2.1.2 angedeutet, war die erfolgreiche Virtualisierung der x86-Prozessor-Architektur, wie sie ursprünglich von Intel® entwickelt wurde, mit Herausforderungen behaftet, die es zu überwinden galt. Die Anforderungen einer solchen Architektur gemäß dem „Formal Requirements for Virtualizable Third Generation Architecture"[36] von Gerald J. Popek und Robert P. Goldberg aus dem Jahre 1974 wurden nicht erfüllt.

Betriebssysteme für die x86-Architektur wurden für die direkte Installation auf und den direkten Zugriff auf die darunterliegende physische Hardware entwickelt. x86-Betriebssysteme gehen von der Annahme aus, dass sie diese Hardware vollständig „besit-zen" sowie einen privilegierten und kontrollierenden Zugriff auf diese haben. Wie die Abbildung 2 veranschaulicht, verfügt die x86-Architektur über vier Prioritäts- oder Privileg-Stufen, welche dem Betriebssystem und den darauf installierten Applikationen als Ringe 0 bis 3 bekannt sind. Sie ermöglichen und steuern den Zugriff auf die physische Hardware.[37]

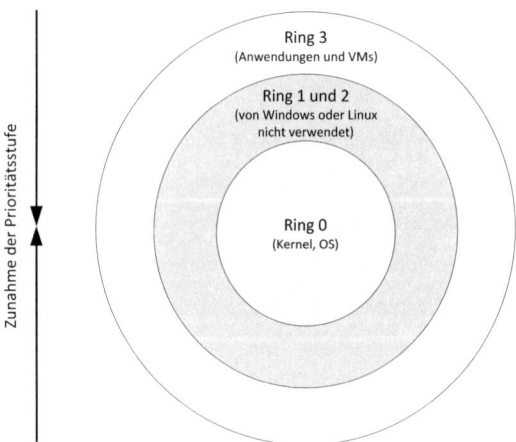

Abbildung 2 - Prioritätsstufen der x86-Architektur im sog. Protected Mode[38]

---

[35] Vgl. [Run08], S.35
[36] Vgl. [Ger74]
[37] Vgl. [VMw07], S.3
[38] Quelle: [Ahn07], S.45

Während Applikationen im sog. User Mode, d.h. in Ring 3, ausgeführt werden und nur über Schnittstellen (APIs) auf darunter liegende Ringe und Hardware zugreifen können, verlangt das Betriebssystem direkten Zugriff auf die Hardware, um seine privilegierten Instruktionen in Ring 0 ausführen zu können. Die Anfrage von CPU-Zyklen sowie die Speicherverwaltung können aus Sicht des OS nur im am höchsten privilegierten Ring 0 erfolgreich ausgeführt werden. Das OS muss zu jeder Zeit die Hoheit über alle zur Verfügung stehenden Ressourcen und laufenden Applikationen besitzen, um die Kontrolle über den Systemzustand zu wahren. Diese Annahme erfordert, dass das OS in einer höheren Prioritätsstufe (Ring 0) als die Applikationen (Ring 3) ausgeführt wird und zugleich alle Schnittstellen zu Ring 0 kontrollieren kann (siehe Abbildung 3).

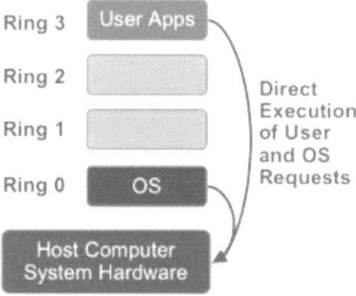

Abbildung 3 - x86-Befehlssatzarchitektur ohne Virtualisierung

 Die Betriebssysteme Linux und Windows verwenden nur den Ring 0 (sog. Kernel Mode, in welchem das OS ausgeführt wird) und den Ring 3 (sog. User Mode, in welchem alle Applikationen ausgeführt werden).[39] Die Ringe 1 und 2 werden von diesen OS dagegen nicht genutzt.

Der VMM, mit der Kontrolle über die Ressourcen und der Gäste betraut, fängt die privilegierten Operationen der VMs ab, mit welchen diese versuchen, direkt die Hardware zu kontaktieren. Der VMM analysiert diese Anfragen und ändert sie in ungefährliche Anweisungen ab, um die angeforderte Ressource kontrolliert an den Gast zu übergeben, sowie den Status der VM aufrecht zu erhalten. Da die x86-Architektur nicht für die Virtualisierung entworfen wurde, lassen sich nicht alle privilegierten Operationen ohne Weiteres abfangen. Die meisten privilegierten Operationen erzeugen eine sog. Exception (engl., „Ausnahme"), welche vom VMM relativ einfach identifiziert

---

[39] Vgl. [Ahn07], S.44

und entsprechend behandelt werden kann. Jedoch erzeugen nicht alle privilegierten Operationen eine solche Exception. Zum Beispiel können bestimmte privilegierte Instruktionen prinzipiell auch im User Mode ausgeführt werden, obwohl sie dem Kernel Mode vorbehalten sind. Die Identifikation von privilegierten Operationen im User Mode und das Auslösen von Exceptions sind die Funktionen, die der x86-Architektur fehlen, aber zugleich für die erfolgreiche Virtualisierung essentiell sind. Um diesen Designmangel zu umgehen, muss der VMM den gesamten Code des Gasts zur Laufzeit aufwändig analysieren und überwachen. Dazu wechselt der VMM in den sog. Debug-Modus, in welchem die Operationen des Gasts in Einzelschritten durchlaufen, analysiert und Maschinesprachebefehle im User Mode durch Exceptions ersetzt werden. Dies ist eine sehr komplexe und zugleich ineffiziente Aufgabe.[40]

VMware hat sich dieser Herausforderung im Jahre 1998 angenommen und erfolgreich gelöst. Mittels einer weiter entwickelten BT, welche dem VMM die Ausführung im Ring 0 gestattet und dem Deprivilegieren des OS durch „Verschieben" in einen User Level Ring, welcher mehr Rechte beinhaltet als Ring 3 und zugleich weniger Rechte als der VMM in Ring 0, entwickelte VMware den de facto Standard im Bereich der nativen Virtualisierung von x86-basierten Betriebssystemen.[41]

Die vier Prioritätsstufen der x86-Architektur wurden von den Herstellern Intel® und AMD in ihren Prozessor-Generationen seit 2006 um weitere Prioritätsschichten erweitert, die noch unterhalb von Ring 0 liegen und unterstützend zur Virtualisierung der x86-Architektur beitragen[42].

2.1.5 Emulation

In diesem Abschnitt wird eine Definition der Emulation und deren Abgrenzung zur Virtualisierung vorgenommen. Es wird aufgezeigt, an welcher Stelle die Virtualisierung auf die Emulation zurückgreift.

Im Kontext der Virtualisierung werden häufig auch Emulatoren genannt. Bei der Emulation (von lat. *aemulare*, „nachahmen") „handelt es sich immer um die komplette Nachbildung einer Rechnerarchitektur durch eine entsprechende Software, inklusive

---

[40] Vgl. [Ahn07], [Tho07]
[41] Vgl. [VMw07], [Mol07]
[42] Siehe Abschnitt 2.2.2

Hardware, Prozessor, Chipsatz und sonstigem. Dies ermöglicht dann den Einsatz der jeweiligen Betriebssysteme und Anwendungen, was auf einer Hardware den Einsatz von Systemen zulässt, die dafür eigentlich nicht konzipiert sind."[43]

Im Zusammenhang mit Informationstechnologien wird der Begriff Emulation häufig verwendet, wenn ein anderes – häufig älteres, nicht mehr verfügbares – System durch ein aktuelles System nachgebildet wird. Die dazu erforderliche Software wird als Emulator bezeichnet. Während die Virtualisierung der Schaffung mehrerer Ausführungsumgebungen auf einer definierten Hardware dient, verfolgt man durch Emulation das Ziel, eine Ausführungsumgebung einer anderen, meist älteren Hardware zu simulieren.

 Richtige Emulatoren sind z.B. die OpenSource-Projekte Qemu[44] und Bochs[45], der DOS-Emulator DOSBox[46], der PowerPC Architecure Emulator PearPC[47], der Super Nintendo Emulator ZSNES[48], der Amiga 500 Emulator WinUAE[49] oder auch VirtualPC von Microsoft[50]. Diese Emulatoren bilden alle Komponenten einer Architektur, inkl. der CPU, komplett mit Software nach.

Der größte Nachteil von Emulationen manifestiert sich in der hohen Rechenlast auf dem emulierenden System. „Durch die vollständige Emulation der kompletten Hardware [des Zielsystems] sind solche Lösungen … sehr langsam, weil für jeden Befehl der nachgebildeten CPU mehrere Befehle des Emulationsprogramms auf der realen CPU ablaufen müssen."[51] Im Umfeld der Virtualisierung wird nur in geringem Maße auf die Emulation zurückgegriffen. Hier dient sie v.a. der Bereitstellung von Teilen der Peripherie für die VMs, z.B. in Form von Netzwerkkarten, Grafikadaptern, Soundadaptern und/oder Controllerkarten. Der Zugriff auf alle weiteren Ressourcen des Hosts (z.B. CPU, Arbeitsspeicher) wird durch den VMM überwacht und gesteuert, so dass diese Komponenten nicht aufwändig emuliert werden müssen. Ein Großteil der Gast-Instruktionen läuft direkt auf der CPU des Hosts. Lediglich die in Abschnitt 2.1.4

---

[43] Quelle: [Lar09], S.14
[44] Vgl. http://wiki.qemu.org/
[45] Vgl. http://bochs.sourceforge.net/
[46] Vgl. http://www.dosbox.com/
[47] Vgl. http://pearpc.sourceforge.net/
[48] Vgl. http://www.zsnes.com/
[49] Vgl. http://www.winuae.de/
[50] Vgl. http://www.microsoft.com/germany/mac/virtualpc/intro.mspx
[51] Quelle: [Ahn07], S.40

erwähnten privilegierten Operationen und Exceptions erfordern besondere Aufmerksamkeit seitens des VMM.

 VMware emuliert in seinen Produkten auf sehr erfolgreiche Art und Weise einen LSI-Logic SCSI-Controller, der tatsächlich von der Firma LSI-Logic hergestellt wurde und mit aktuellen Treibern unterstützt wird. Die Emulation ist so perfekt, dass sogar der aktuelle Treiber des Herstellers für den physischen Controller in der VM mit dem emulierten Controller ohne Einschränkungen funktioniert.

„Der Geschwindigkeitsverlust … [über] den emulierten Controller beim Zugriff auf eine virtuelle Platte lässt sich verschmerzen. Bei der Virtualisierung von RAM und CPU wird es dagegen komplizierter. Würden die Befehle des Betriebssystems oder der Applikationen nicht direkt auf der CPU [des Hosts] laufen, sondern erst emuliert werden, dann wäre eine virtuelle Maschine viel zu langsam. Auch Hauptspeicher könnte mit einer Auslagerungsdatei emuliert werden, das System würde dadurch aber ebenfalls massiv ausgebremst. Auf beide Ressourcen, CPU und RAM, muss der Gast ohne große Umwege zugreifen, um eine akzeptable Geschwindigkeit zu erreichen. Das ist der Unterschied zwischen Emulation und Virtualisierung."[52]

2.2 Formen der Virtualisierung

Derzeit verfügbare Virtualisierungstechnologien verfolgen unterschiedlichen Ansätze und lassen sich z.B. in Komplett-, Para- und Betriebssystemvirtualisierung einteilen. Dabei fußt die am weitesten verbreitete Form, die Servervirtualisierung in all ihren Ausprägungen, „auf den vier zentralen Ressourcen CPU, Hauptspeicher, Netzwerk-Interconnect und Festplattenspeicher, die auch Core-Four genannt werden."[53] Prinzipiell kann dabei auch zwischen software- und hardware-basierten Lösungsansätzen unterschieden werden. Die Literatur liefert viele unterschiedliche Ansätze bei der Kategorisierung von Virtualisierungstechnologien und verwendet unterschiedliche Begriffe synonym. In den folgenden Kapiteln werden diese Technologien dargestellt und einer Abgrenzung unterzogen.

---

[52] Quelle: [Ahn07], S.44
[53] Quelle: [Run08], S61

2.2.1 Software-basierte Technologien

Die Virtualisierung basierend auf Software beinhaltet diverse Methoden und Technologien, welche es einem einzelnen physischen System ermöglichen, mehreren abgesicherten und isolierten Partitionen zeitgleich Ressourcen, die sie sich teilen, zur Verfügung zu stellen. Diese Technologien unterscheiden sich vorrangig in ihrer Partitionsdichte, d.h. der Anzahl der gleichzeitigen Partitionen, sowie in ihrer Skalierbarkeit, Performance und der Breite der unterstützten Betriebssysteme.[54] Die Herausforderungen bei der Virtualisierung der x86-Architektur resultierten in verschiedenen Ansätzen und Methoden.

Den originären Ansatz bei der Virtualisierung von x86-Architekturen stellt die Binärübersetzung zur Laufzeit dar, die sog. Just-in-Time Binary Translation (BT). Dieser Ansatz ähnelt dem der Java Virtual Machine (JVM), welche den Java Bytecode während der Ausführung in native Prozessoranweisungen übersetzt. Diese Art der Übersetzung erfordert eine Kapselung der VM. Der VMM bedient sich dabei verschiedener Technologien, z.B. der Differenzierung von Kernel Code und User Code[55], um die Performance sowie die Sicherheit der VM zu gewährleisten.[56]

Der VMM ist verantwortlich für die Erstellung, für die Isolierung und für den Erhalt des jeweiligen VM-Zustandes, sowie für die Orchestrierung des Zugriffs auf die verfügbaren Ressourcen. Der VMM bildet demnach das Fundament und ist eng gebunden an eine spezifische Prozessorarchitektur (z.B. Intel® oder AMD). Als Konsequenz können diverse, unmodifizierte Betriebsysteme als Gäste auf dem VMM betrieben werden, welche aber ebenso eine native Unterstützung der verwendeten Prozessorarchitektur gewährleisten müssen. Die Heterogenität der möglichen Gäste ist dann größer als z.B. bei der Paravirtualisierung.[57]

Zur Kategorisierung der hier genannten Virtualisierungsansätze kann die Position des VMM herangezogen werden. Die folgenden Abbildungen illustrieren die drei möglichen VMM-Implementierungen:[58]

- Type-2 VMM

---

[54] Vgl. [Lar091], S.10
[55] Siehe Abschnitt 2.1.4
[56] Vgl. [VMw09], S.3
[57] Siehe Abschnitt 2.2.1.2
[58] Quelle: [Lar091], S.10

- Hybrid VMM
- Type-1 VMM

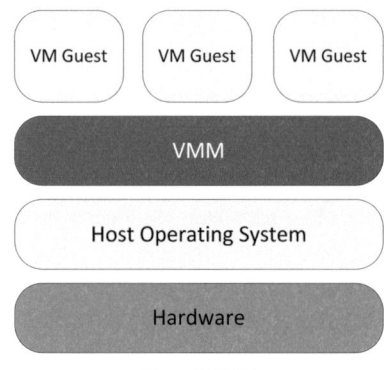

Type-2 VMM

-

Abbildung 4 - Type-2 VMM

Der Type-2 VMM wird auf einem Host-Betriebssystem als Basis installiert und betrieben (Abbildung 4). Dies entspricht dem Prinzip der o.g. JVM. In der Hybrid-Variante dagegen läuft der VMM gleichberechtigt auf derselben Ebene wie das Host-Betriebssystem (Abbildung 5) direkt über der physischen Hardware. Dies entspricht z.B. der Implementierung von Microsoft in deren Produkt Virtual Server 2005 R2.

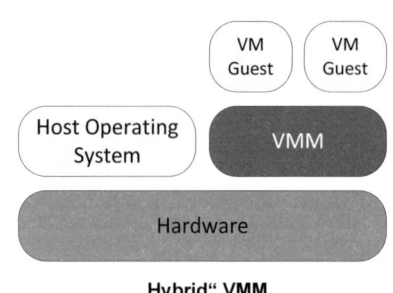

„Hybrid" VMM

Abbildung 5 - Hybrid-VMM

Die dritte Variante setzt den VMM ebenfalls direkt auf der physischen Hardware ein (Abbildung 6). Ein Host-Betriebssystem ist aber für den Betrieb des in dieser Implementierung genannten Hypervisors nicht mehr erforderlich. Man bezeichnet diese Art der Implementierung auch als Bare-Metal-Hypervisor. Diese Variante ist wegen des Verzichts auf ein

Host-Betriebssystem in der Lage, die höchste Effizienz und VM-Dichte zu erzielen. Der VMM stellt ein minimales OS oder proprietären Kernel dar. In den anderen beiden Varianten dagegen ist der VMM stets auf das Host-Betriebssystem angewiesen, um Zugriff auf Ressourcen zu erhalten und generiert dadurch eine erhöhte Verlustleistung.

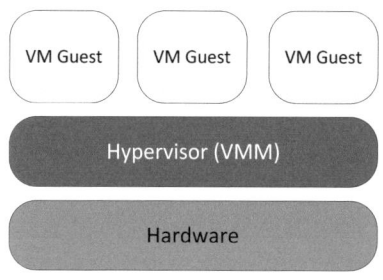

Type-1 VMM

Abbildung 6 - Type-1 VMM

Wenn man die genannten VMM-Implementierungen einer näheren Betrachtung unterzieht, kristallisieren sich drei grundsätzliche Varianten derzeitiger Virtualisierungsansätze heraus:

- die Betriebssystemvirtualisierung / Prozessvirtualisierung
- die Native Virtualisierung / Full Virtualization using BT
- die Paravirtualisierung / Parallelisierung

Die folgenden Abschnitte gehen auf die einzelnen Ansätze der software-basierten Virtualisierung ein, erläutern deren Funktionsweise und nehmen eine Einordnung in jeweils eine der drei VMM-Kategorien vor.

2.2.1.1 Betriebssystem-Virtualisierung

Bei dieser Form der Virtualisierung, die man exakter als „Virtualisierung auf Betriebssystem-Ebene" (engl. *OS-assisted virtualization*) bezeichnet, spielt das Betriebssystem (OS), welches als Host fungiert, eine zentrale Rolle. „Das Host-System, genauer gesagt der Betriebssystem-Kernel, stellt den Anwendungsprogrammen, die in einer virtualisierten Umgebung laufen sollen, eine komplette Laufzeitumgebung innerhalb eines geschlossenen Containers zur Verfügung"[59] (Abbildung 7). Durch eine Modifikation des Systemkerns oder mittels eines Anwendungsprogramms können dadurch mehrere

---

[59] Quelle: [Spr07], S.32

Ausführungsumgebungen auf derselben Hardwareplattform realisiert werden. Die VMs arbeiten in einem designierten Teil des Dateisystems. „Das Host-System startet dabei keinen zusätzlichen Betriebssystem-Kernel für die einzelnen Instanzen, stattdessen trennt der Kernel die unterschiedlichen Prozessräume der virtualisierten Instanzen strikt voneinander. Dies nennt man deshalb auch Prozess-Virtualisierung."[60] Der VM stehen nur die Ressourcen zur Verfügung, die ihr explizit zugeordnet und vom Host-Betriebssystem-Kernel zugeteilt werden.[61]

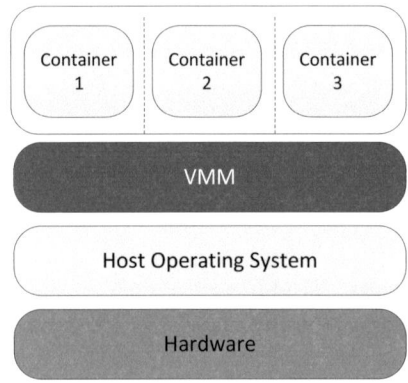

Abbildung 7 - Betriebssystem-Virtualisierung[62]

Da sich Host und Gast in einer solchen Konstellation den Kernel und die gesamten Betriebssystemprozesse teilen, kann in der virtualisierten Umgebung kein anderes Betriebssystem als das Host-System installiert und genutzt werden, d.h. die Verwendung unterschiedlicher OS in den VMs ist nicht vorgesehen. Dahingegen unterstützen Host- und Gast-Systeme die wechselseitige Integration vollständig und kooperieren aus diesem Grund problemlos.

Produkte, die in diese Kategorie der Virtualisierung fallen, sind OpenVZ[63] und Parallels Virtuozzo Containers[64]. OpenVZ bietet die container-gestützte Virtualisierung auf Linux-Basis, wohingegen Parallels Virtuozzo Containers sowohl für Linux- als auch Windows-Plattformen verfügbar ist.

---

[60] Quelle: [Spr07], S.33
[61] Vgl. [Müh08], [Spr07]
[62] Eigene Abbildung
[63] Vgl. http://wiki.openvz.org/Main_Page
[64] Vgl. http://www.parallels.com/de/products/virtuozzo/

2.2.1.2 Paravirtualisierung

Die Paravirtualisierung (engl. *Paravirtualization*) verfolgt den Hypervisoransatz (Type-1 VMM) und trennt die Host- und Gast-spezifische Implementierung. Hierzu liefert „der Hypervisor … die Virtualisierungsabstraktion des darunterliegenden Computersystems."[65] Wo bei vollständiger Virtualisierung der Gast unverändert auf dem Hypervisor ausgeführt werden kann, erfordert der Gast-Kernel bei der Paravirtualisierung eine durch die Virtualisierungslösung definierte Modifikation. Dadurch wird der Gast „Virtualization Aware", d.h er ist sich bewusst, dass ein vorgeschalteter Hypervisor existiert, er in einer virtuellen Ausführungsumgebung (d.h. VM) aktiv ist „und mit dem Hypervisor über eine abstrahierte Hardwareschnittstelle kommunizieren muss."[66] Die Paravirtualisierung wurde als Alternative zu BT entwickelt; da die BT als ursprünglicher Ansatz zur Virtualisierung von nicht-virtualisierbaren x86-Anweisungen fungierte. BT erwies sich in der Praxis als nicht effizient. Um den Hypervisor von der Aufgabe der Überwachung und Übersetzung privilegierter x86-Anweisungen zu entbinden, wird das paravirtualisierte Gastsytem durch die entsprechende Modifikation befähigt, einen sog. Hypercall direkt an der Hypervisor abzusetzen.[67] Hypercalls ersetzen in einer paravirtualisierten Umgebung nicht-virtualisierbare x86-Anweisungen[68] (siehe Abbildung 8):

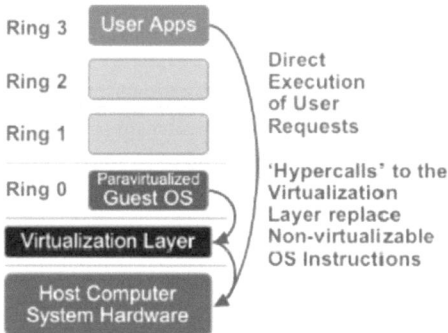

Abbildung 8 - Der Paravirtualisierungsansatz für x86-Instruktionen[69]

---

[65] Quelle: [Run08], S.66
[66] [DAT10]
[67] Vgl. [Lar091], S.12
[68] Vgl. [VMw07], S.5
[69] Quelle: [VMw07], S.5

Die Kommunikation des Gasts erfolgt direkt mit dem Hypervisor und nicht mit der physikalischen Hardware. Die physikalische Hardware muss daher nicht gesondert für jede VM virtualisiert, d.h. emuliert werden. Vielmehr „interagieren paravirtualisierte Gäste über eine von der Virtualisierungsschicht bereitgestellte Programmierschnittstelle (API) direkt mit der gemeinsamen Hardware - gesteuert und kontrolliert durch den Hypervisor."[70] Dadurch kann der Gast alle privilegierten Zugriffe auf physikalische Hardwarekomponenten direkt an den Hypervisor richten, was wiederum zu verbesserter Performance und gesteigerter Effizienz führt. Die umständliche Überwachung aller privilegierten Operationen einer VM, wie es bei der nativen Virtualisierung der Fall ist, entfällt vollständig. I.d.R. kommen bei dieser Form der Virtualisierung ausschließlich quelloffene Systeme, z.B. Linux, zum Einsatz, da diese eine Modifikation des Kernel problemlos zulassen. Die Abbildung 9 veranschaulicht das Konzept der Para-virtualisierung:

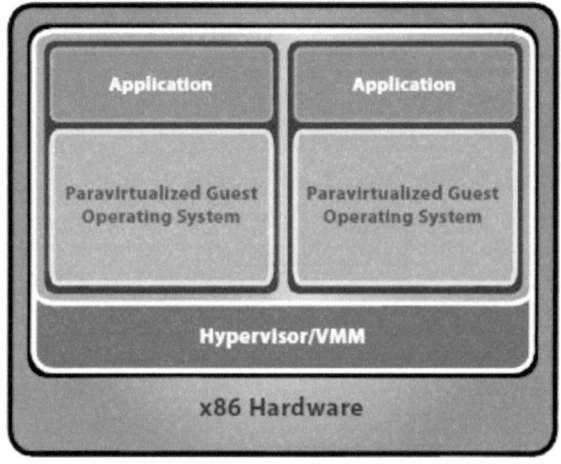

Abbildung 9 - Paravirtualisierung[71]

---

[70] [DAT10]
[71] Quelle: [VMw06], S.8

2.2.1.3 Native Virtualization

Die native Virtualisierung, welche auch häufig als vollständige Virtualisierung bezeichnet wird (engl. *Full Virtualization using BT*), wird dann bevorzugt verwendet, wenn ein unmodifiziertes Gastbetriebssystem in einer VM lauffähig sein soll. Der Kernel des Gastes muss keinerlei Anpassung unterzogen werden. Auf diese Weise können mehrere VMs mit heterogenen OS gleichzeitig auf demselben Host ausgeführt werden. Diese Art der Virtualisierung stellt die derzeit am weitesten verbreitete Variante dar und wird v.a. im Bereich der Servervirtualisierung und -konsolidierung eingesetzt. Die native Virtualisierung „korreliert weitestgehend mit der Definition einer virtuellen Maschine nach Robert P. Goldberg."[72].

Sie tritt in zwei Ausprägungen auf, die als

- Hosted Virtualisierung (Abbildung 10)
- Bare-Metal Virtualisierung (Abbildung 11)

bezeichnet werden. Bei beiden Varianten handelt es sich um unterschiedliche VMM-Implementierungen, wie sie bereits in Abschnitt 2.2.1 aufgeführt wurden. Demnach entspricht die Hosted-Variante dem Type-2 VMM, wohingegen die Bare-Metal-Implementierung dem Type-1 VMM entspricht.

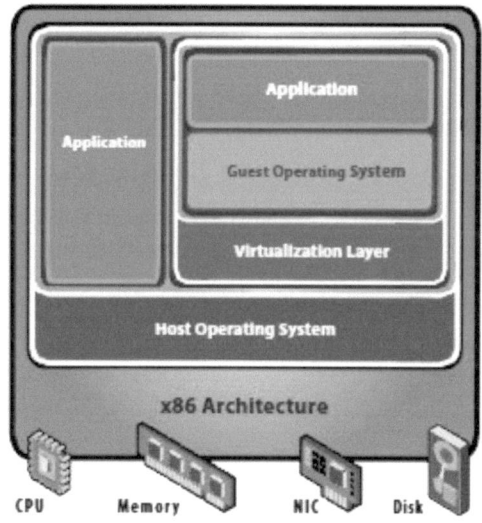

Abbildung 10 - Hosted Architecture[73]

---

[72] Quelle: [Mol07], S.12
[73] Quelle: [VMw06], S.4

39

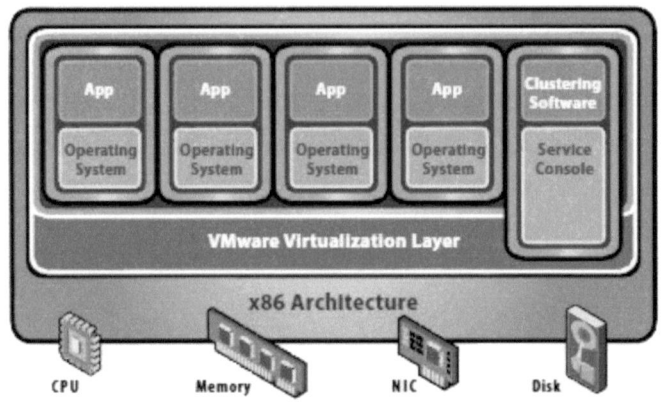

Abbildung 11 - Bare-Metal (Hypervisor) Architecture[74]

Die Hosted-Variante erfordert ein auf der Hardware installiertes Betriebssystem und nutzt dessen Hardwarezugriff sowie dessen Gerätetreiber. Der VMM greift selbst nicht direkt auf die Hardware zu. Die Bare-Metal-Variante setzt dagegen direkt auf der Hardware des Hosts auf und erfordert keine vorherige Betriebssysteminstallation. Voraussetzung und limitierender Faktor zugleich ist der Einsatz einer vom Hypervisor unterstützten Hardware. Dann ist seine Performance und Effizienz der Hosted-Variante überlegen.

Beiden Varianten ist gemein, dass sie die sog. BT verwenden, um unmodifizierte Gäste betreiben zu können. Durch den Prozess der Emulation von bestimmten Hardware-schnittstellen (z.B. NIC, Grafik, Sound), das Abfangen von Interrupts des Gast-Kernels an die Host-CPU sowie die Überwachung von privilegierten Instruktionen, verursacht der Hypervisor Leistungseinbußen beim betriebenen Gast. Somit erzeugt der Hypervisor selbst eine Last, deren Höhe in Abhängigkeit von der Implementierungsform mehr oder weniger sein kann.[75] In beiden Implementierungen hat der VMM das Recht, die Gäste zu konfigurieren, zu kontrollieren, sie zu starten und anzuhalten. Er hat die volle Kontrolle über die ihm zugrunde liegende Hardware und ist für die Isolation, der Zeit- sowie der Betriebsmittelzuweisung aller VMs im System zuständig.[76]

---

[74] Quelle: [VMw06], S.4
[75] Vgl. [Run08], S.64
[76] Vgl. [Mol07], S.30 ff

Der Vorteil bei der nativen Virtualisierung unter Verwendung eines Hypervisor liegt in der angepassten Hardware für die eingesetzten Gäste. Durch die Abstraktion der physischen Hardware und den Einsatz spezieller Treiber auf dem Host und im Gast wird die Vorgabe immer gleicher Peripherie für die Gäste durch Emulation realisiert. Wie bereits in Kapitel 2.1.4 erläutert, werden nur Zugriffe auf den Prozessor und den Arbeitsspeicher, kontrolliert durch den Hypervisor, durchgereicht. Dadurch können Gäste in ihrer Konfiguration konserviert und auf verschiedenen, physischen Hardware-plattformen betrieben werden. Eine Anpassung des Gasts ist nicht notwendig.[77] Die Abbildung 12 veranschaulicht die Funktionsweise der Full Virtualization unter Einsatz von BT.

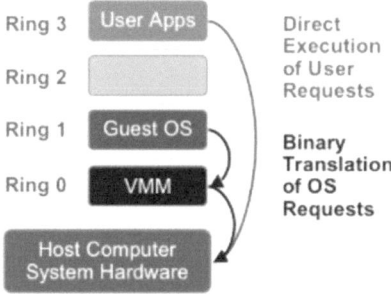

Abbildung 12 - Full Virtualization using BT[78]

Für diese Art der Virtualisierung sind die meisten Produkte unterschiedlicher Hersteller auf dem Markt. Zur Kategorie der Hosted Virtualisierung zählen Produkte von VMware, z.B. VMware Workstation[79], VMware Player[80], VMware Fusion[81] sowie VMware Server[82], ebenso wie der MS Virtual PC 2004[83] und MS Virtual Server 2005 R2[84] von der Firma Microsoft. Daneben bieten diese Hersteller auch Produkte zur Bare-Metal Virtualisierung an (VMware: VMware vSphere[85], VMware ESXi[86]; Microsoft: Hyper-V[87]).

---

[77] Vgl. [Lar091], [Run08], [VMw07]
[78] Quelle: [VMw07], S.4
[79] Vgl. http://www.vmware.com/de/products/ws/
[80] Vgl. http://www.vmware.com/de/products/player/
[81] Vgl. http://www.vmware.com/de/products/fusion/
[82] Vgl. http://www.vmware.com/de/products/server/
[83] Vgl. http://www.microsoft.com/germany/windows/virtualpc/default.mspx
[84] Vgl. http://www.microsoft.com/germany/virtualserver/default.mspx
[85] Vgl. http://www.vmware.com/de/products/vsphere/

2.2.2 Hardware-unterstützte Technologien

Virtualisierungstechnologien, die wiederum auf hardware-unterstützte Lösungen zurückgreifen, versuchen die Restriktionen der x86-Architektur bei reinen Software-virtualisierungslösungen zu minimieren bzw. komplett zu eliminieren. Beim Wechsel von der 32-bit auf die 64-bit Architektur erkannten Intel® und AMD die Bedeutung der Virtualisierung und begannen mit der Entwicklung von Prozessoren, die es dem VMM erleichtern sollten, VMs auszuführen. Im Geiste reichen die Ansätze beider Hersteller bis in die klassischen Tage der Virtualisierung auf IBMs 360 Mainframes zurück.[88]

Jedoch ist die reine Hardwarevirtualisierung nicht zu verwechseln mit den o.g. integrierten Virtualisierungsmöglichkeiten, wie z.B. Vanderpool bei Intel® oder Pacifica bei AMD, welche den Virtualisierungslayer in den CPUs darstellen und den Hypervisor bei der Virtualisierung unterstützen, was wiederum führt zu einem reduzierten Overhead führt. Die reine Hardwarevirtualisierung ist „per se Bestandteil der Hardware, z.B. bei pSeries, zSeries und Bull."[89] Zudem wird die hardware-unterstützte Virtualisierung, wie sie in diesem Kapitel beschrieben wird, häufig auch als Unterkategorie der Full Virtualization gesehen, obwohl es sich aus technologischer Sicht um eine eigene Virtualisierungsform handelt.[90] Die Tabelle 1 gibt einen Überblick der von VMware unterstützten Technologien:

	ESX 1.0-2.5	ESX 3.0	ESX 3.5	ESX 4.0
AMD	-	-	AMD-V32, AMD-V64	AMD-V32, AMD-V64
Intel®	-	VT-x64	VT-x64	VT-x32, VT-x64

Tabelle 1 - Supported Uses of Hardware Instruction Set Virtualization[91]

---

[86] Vgl. http://www.vmware.com/de/products/esxi/
[87] Vgl. http://www.microsoft.com/germany/server/virtualisierung/default.mspx
[88] Vgl. [VMw09], S.4
[89] Quelle: [Run08], S.61
[90] Vgl. [Spr07], S.32
[91] Quelle: [VMw09], S.5

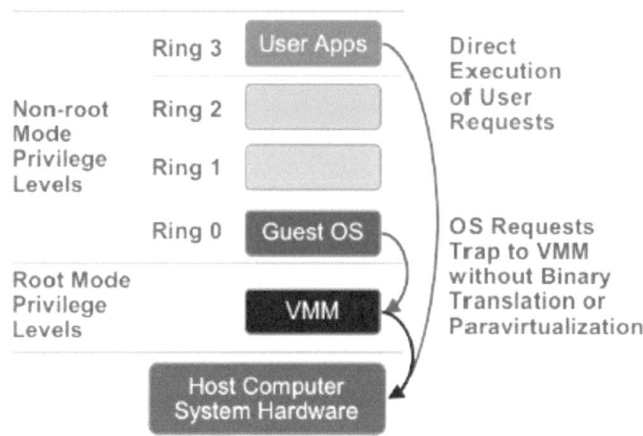

Abbildung 13 - Hardware-unterstützer Virtualisierungsansatz bei x86-Architekturen

Da die Emulation bestimmter Hardwarekomponenten, wie z.B. Netzwerk-Adapter und Grafikkarte, bei proprietären Betriebssystemen, die keinerlei Anpassung am Kernel zulassen, ineffizient und sehr aufwendig ist, leidet die Performance. Bei einem nicht-quelloffenen Betriebssystem können somit mehr kritische Code-Teile direkt vom Prozessor ausgeführt werden. Zudem ermöglicht die Hardware-Virtualisierung eine bessere Trennung von Gast- und Host-System und reduziert zusätzlich den Virtualisierungsaufwand. Die von Intel® bezeichnet seine Technologie als Intel® VT, wohingegen AMD die Bezeichnung AMD-V wählte.

2.3 Weitere Virtualisierungsformen

2.3.1 Applikationsvirtualisierung

Die Applikationsvirtualisierung dient ebenfalls der Abstraktion. Jedoch steht hier die Anwendung als solche im Zentrum des Virtualisierungsansatzes. Die Applikations- oder Anwendungsvirtualisierung dient der Entkopplung der Anwendung von der Hardware des Anwenders, welcher sie nutzt. Die Abbildung 14 verdeutlicht diese Abstraktion:

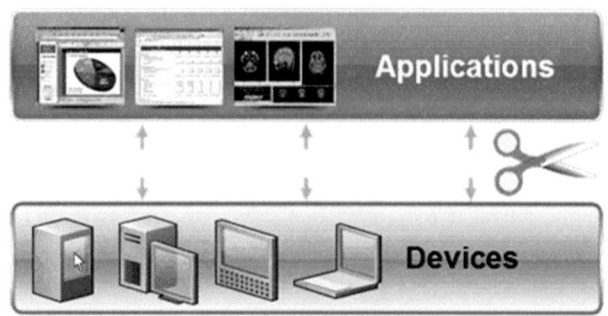

Abbildung 14 - Applikationsvirtualisierung mit Citrix XenApp

„Durch die Virtualisierung … wird eine Loslösung der Applikation vom Arbeitsgerät (PC und/oder Notebook) des Anwenders erreicht. Mit einer speziellen Client-Software kann der Anwender dennoch jederzeit auf die zentral bereitgestellte … [Applikation] zugreifen, ohne diese selbst auf seinem Endgerät installiert haben zu müssen. [Die Applikation] … wird in den Desktop des Anwenders eingeblendet ... [und erfährt] … eine nahtlose Integration in die Anwendungsumgebung des Benutzers. CPU- und Speicherauslastung werden weg vom Endgerät hin zum zentralen Applikationsserver verlagert."[92]

 Diese Art der Applikationsbereitstellung wird auch als Server Based Computing (kurz: SBC) bezeichnet und hat seinen Ursprung auf der x86-Architektur in den sog. Windows Terminal Services (kurz: WTS), die seit Microsoft Windows NT 3.51 zur Verfügung stehen. Das SBC gilt auch „als Vorreiter des Virtualisierungsansatzes für den Desktop"[93]

„Mithilfe der Applikationsvirtualisierung ist es möglich, eine Vielzahl heterogener Anwendungen, Plattformen und Endgeräte zu bedienen. Die rollenspezifische, personalisierte Bereitstellung von Anwendungen und Informationen für unterschiedliche Benutzer und Benutzergruppen ist dabei einer der größten Vorteile …"[94] Technologieführer im Bereich der Applikationsvirtualisierung ist die Firma Citrix. Citrix hat die Funktionsweise der Windows Terminal Services (WTS) aufgegriffen und deren

---

[92] Quelle: [Oll092], S.5
[93] Quelle: [Run08], S.75
[94] Quelle: [Oll092], S.5

Konzept im Rahmen einer strategischen Partnerschaft mit Microsoft weiter entwickelt und ein proprietäres Produkt (in der aktuellen Version: XenApp) dazu entwickelt.

„Die WTS gestatten es mehreren Anwendern, sich an demselben Windows Server zur gleichen Zeit anzumelden, wobei jeder Anwender Zugriff auf seine eigene Desktop-Umgebung erhält. Dabei wird sichergestellt, dass jeder Anwender seinen eigenen, geschützten Speicheradressraum zur Ausführung von Applikationen erhält und diese unabhängig von den Applikationen der anderen Anwender betrieben werden können. Die Anmeldung erfolgt von einem beliebigen PC oder Terminal, ausgestattet mit einer speziellen Client-Software, welche die Anmeldung an den WTS und den Umgang mit umgeleiteten Bildschirmausgaben sowie Benutzereingaben ermöglicht."[95]

2.3.2 Desktopvirtualisierung

Die Desktopvirtualisierung ist eine noch recht junge Disziplin in der Reihe der Virtualisierungsansätze und rückt erst seit Mitte des Jahres 2007 verstärkt in den Vordergrund. Versteht man die Desktopvirtualisierung ebenfalls als Abstraktion von Hardware und Software, entspricht dies einer Entkopplung des Desktops vom Client-PC. Eine erfolgreich etablierte Variante dieses Konzepts stellt der Fernzugriff auf einen PC oder Terminal Server per Remote Desktop Connection (RDC) dar.

Wie bereits im vorangegangenen Kapitel erwähnt, kann das SBC als Vorreiter für die Desktopvirtualisierung betrachtet werden. Im Gegensatz zum SBC, welches dem Anwender eine zentral installierte Applikation direkt auf seinen persönlichen Desktop bringt, „wollen virtuelle Desktops jedem Nutzer einen eigenen PC bieten, der eine vollständige und in sich geschlossene Einheit darstellt."[96] Im Mittelpunkt stehen nicht einzelne Funktionen, wie Anwendungen, sondern immer der gesamte Arbeitsplatz. Dies ähnelt der Virtualisierung von Serversystemen, bei der anstatt dem Serverbetriebssystem ein Desktop-Betriebssystem in der VM gekapselt wird.

Ziel ist die Verlagerung und Zentralisierung von Desktops ins Rechenzentrum in Form von virtuellen Maschinen auf einer Serverfarm bestehend, welche aus mehreren potenten Host-Systemen besteht. Die Desktop-VMs bilden einen Pool, aus dem die Anwender anforderungsspezifische Konfigurationen in Echtzeit abrufen können. Die

---

[95] Quelle: [Oll092], S.8
[96] Quelle: [Run08], S.75

Desktop-Virtualisierung fokussiert damit auf die Bereitstellung, die Verteilung und das Management von Arbeitsumgebungen auf Abruf für den Endanwender über zentralisierte Server. In diesem Fall spricht man von einer sog. Virtual Desktop Infrastructure (VDI).[97]

Eine von VMware, Microsoft, Citrix, Wyse, Neoware und IGEL ins Leben gerufene Initiative prägte den Begriff der VDI: „VDI-Lösungen ermöglichen die Zentralisierung der kompletten, personalisierten Desktop-Umgebung eines Anwenders, sodass diese effizient von einer zentralen Stelle ausgeführt, aufgerufen, verwaltet und geschützt werden kann."[98]

---

[97] Vgl. [Lar091], S.17
[98] Quelle: [Bow09], S.3

3   Herausforderungen von Wirtschaftlichkeitsanalysen

3.1   Die IT-Investition

Wie Shota Okujava in [Oku06] ausführt, ist ein wesentliches Problemfeld in der Evaluierung von IT-Investitionen der gravierende Rollenwandel der IT innerhalb der Unternehmen
in den letzten Jahren – „weg vom bloßen Support und hin zu einer hohen strategischen
Bedeutung durch das Erzeugen von Mehrwert."[99] Die Ursache hierfür ist zum einen im
hohen „Technologiedruck durch die sich permanent erhöhende Funktionalität und Leistungsfähigkeit der IT … [und zum anderen in den] wachsenden sowie sich wandelnden
Anforderungen des Marktes"[100] zu suchen. Des Weiteren sorgen die gestiegene Anzahl und
der gestiegene Umfang an IT-Projekten für eine kontinuierliche Erhöhung der IT-
Investitionsvolumina, gemessen als Anteil des Gesamtumsatzes.

IT-Investitionen haben für Unternehmen eine strategische Bedeutung, da sie die Erfolgspotenziale und Kostenstruktur eines Unternehmens in Abhängigkeit des Investitionsvolumens mittel-
oder langfristig determinieren. Zudem betreffen Investitionen in die IT nicht mehr nur isolierte
Teilbereiche eines Unternehmens, sondern können unternehmensweit und funktionsübergrei-
fend Einfluss nehmen. Diese Einflussnahme kann sich auf Wertschöpfungsketten und Geschäftsprozesse ausdehnen und durch strategische Nutzenaspekte genährt sein. Die ursprünglich
mit IT-Investitionen angestrebten Einsparungen auf der Kostenseite, v.a. die Steigerung der
operativen Effizienz, stehen nicht mehr allein im Fokus der Entscheidungsträger.

IT-Investitionen dienen den Unternehmen vermehrt dazu, Wettbewerbsvorteile zu generieren,
zu halten oder neue Märkte zu erschließen. Ursache hierfür ist das Potenzial moderner IT,
Wertschöpfungsketten und Geschäftsprozesse grundlegend zu verändern, die Informationsbe-
reitstellung und -auswertung zu verbessern oder andere organisationsweite Problemstellungen
zu beseitigen. Qualitätsverbesserung, höhere Kundenorientierung oder Erhöhung der organisatorischen Flexibilität sind nur einige solcher strategischen Aspekte.[101] „Dieser strategische
Fokus von IT bringt erhebliche Bewertungsprobleme mit sich, wenn es darum geht, Investitionen in IT wirtschaftlich zu betrachten."[102]

---

[99] Quelle: [Oku06], S.13
[100] Quelle: [Oku06], S.13
[101] Vgl. [Hir05]
[102] Quelle: [Oku06], S. 13

Mittels Wirtschaftlichkeitsanalysen werden die Erfolgs- und Kosteneinsparungs-potenziale von IT-Investitionen qualitativ und quantitativ messbar und dienen letztlich der Beurteilung einzelner IT-Investitionen. Die hohe Bedeutung der IT-Investition für ein Unternehmen liegt in folgenden Attributen begründet:[103]

- Sie ist kostenintensiv – die Höhe der IT-Investition kann unter Berücksichtigung der Folgekosten enorme Summen erreichen und ein gefordertes Mindestmaß an Wirtschaftlichkeit rapide eliminieren.

- Sie ist irreversibel – da die IT-Investition oftmals mit tiefgreifenden Änderungen von Unternehmens- und Geschäftsprozessen einhergeht, kann sie nur unter unverhältnismäßigem Aufwand rückgängig gemacht werden.

- Sie hat unternehmensweite Auswirkungen – häufig lassen sich die Potenziale einer IT-Investition nur dann umfassend nutzen, wenn sie einen organisations- und funktionsübergreifenden Einsatz erfährt.

- Sie hat langfristige Auswirkungen – der quantitative und qualitative Nutzen einer IT-Investition kann in wirtschaftliche Effekte münden, die erst lange nach der Implementierung eintreten.

Die Tabelle 2 zeigt zusammenfassend die Charakteristika der IT-Investition im eingangs erwähnten Wandel der Zeit, ausgehend von der klassischen IT-Investition (Typ A) der 1960er und 1970er Jahre, bis zur aktuellen Ausprägung der IT-Investition (Typ B) seit den 1980er Jahren.[104]

Eigenschaften	Klassische IT-Investition (Typ A)	IT-Investition heute (Typ B)
Umfang	Begrenzt	Umfassend
Fokus	Kosten	Nutzenfokus
Art des Nutzens	Leicht Quantifizierbar	Immateriell
Investitionsvolumen	Gering	Hoch
Interessengruppen	Wenig	Viel

Tabelle 2 - Änderung von Eigenschaften der IT-Investitionen im Lauf der Zeit[105]

---

[103] Vgl. [Hir05], [Oku06]
[104] Vgl. [Oku06], S.13ff
[105] Quelle: [Oku06], S.15

Gemäß der Tabelle 2 können aktuelle IT-Investitionen mit ihrem strategischen Fokus größtenteils dem Typ B zugeordnet werden. Nichts desto trotz werden nach wie vor klassische IT-Investitionen des Typs A getätigt. Für IT-Investitionen des Typs B ist charakteristisch, dass „die Erfassung, Quantifizierung und die Monetarisierung der Nutzeneffekte weitaus problematischer [ist] als die Bewertung der Kosten."[106] Als Resultat bleiben intangible Nutzeneffekte und Zukunftspotenziale in einer Wirtschaftlichkeitsanalyse oftmals unberücksichtigt. Eine ausgewogene Gegenüberstellung von Kosten und Nutzen findet nicht statt. Da die Erfassung der Kosten i.d.R. mit einem höheren Detailgrad sowie geringerem Aufwand einhergeht und der intangible Nutzen zugleich schwer quantifizierbar ist, führt die Asymmetrie in der Betrachtung automatisch zu negativen Ergebnissen der Wirtschaftlichkeitsanalyse und einer relativen Überbewertung der Kosten.[107]

Robert D. Galliers fasst im Jahre 2004 den Wandel von IT-Investitionen in einem Modell zusammen. Er bedient sich dazu einer 4-Felder-Matrix, um den Wandel von IT-Investitionen und deren strategische und organisatorische Bedeutung im Besonderen zu visualisieren (Abbildung 15). Die zwei Dimensionen der Matrix repräsentieren zum einen den Initiator der IT-Investition (Abszisse), zum anderen die Motivation, aus welcher die IT-Investition entstanden ist (Ordinate).

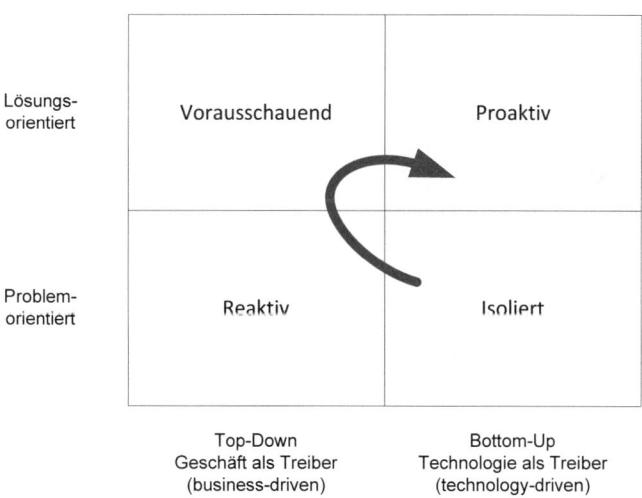

Abbildung 15 - Wandel der IT-Strategie nach Galliers[108]

---

[106] Quelle: [Oku06], S.17
[107] Vgl. [Hir05], S.5
[108] Quelle: [Gal04], S.233

Kernaussage des Modells ist, dass sich der Fokus von IT-Investitionen auf der Zeitachse über „isoliert" zu „reaktiv", zu „vorausschauend" und schließlich hin zu „proaktiv" gewandelt hat. Zu Beginn war das Ziel einer IT-Investition die kurzfristige Lösung einer konkreten Problemstellung (technology-driven), wobei die IT relativ isoliert war von allen anderen organisatorischen Aspekten des Unternehmens. Kostensenkungsziele dominierten diese Art von IT-Investition. Aktuelle IT-Investitionen dagegen messen der IT eine zentralere Bedeutung als strategisches Instrument bei, proaktives Agieren in Abstimmung mit den restlichen Unternehmensaktivitäten steht im Vordergrund (business-driven). Porter und Millar beschreiben die neue strategische Rolle der IT in [Por85] und tragen maßgeblich dazu bei, die IT verstärkt zur Erlangung von Wettbewerbsvorteilen einzusetzen. Folge dieses Wandels ist eine immer engere Verzahnung der IT mit der restlichen Unternehmung und ein Anstieg des Komplexitätsgrades von IT-Investitionen.

3.2 Kosten- und Nutzenaspekte von IT-Systemen

Der vorangegangene Abschnitt hat aufgezeigt, wie sich die IT-Investition im Laufe der Zeit gewandelt hat und beschreibt die inhärenten Probleme der wirtschaftlichen Bewertung von IT-Investitionen mit strategischer Fokussierung. Für eine ganzheitliche Wirtschaftlichkeitsanalyse einer IT-Investition, „ist es notwendig die spezifischen Kosten- und Nutzenfaktoren in ihrer vielfältigen Ausprägung …"[109] und deren Einfluss auf die Wirtschaftlichkeit aufzuzeigen. Die Abbildung 16 illustriert die Kosten- und Nutzenaspekte der Wirtschaftlichkeit, die in diesem Abschnitt erläutert werden.

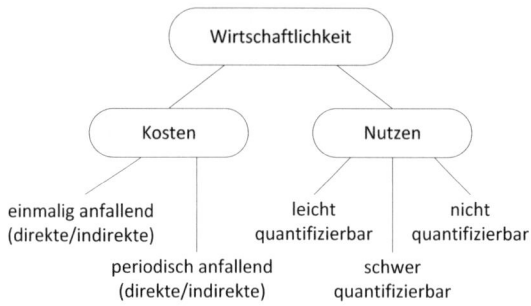

Abbildung 16 - Kosten- und Nutzenaspekte der Wirtschaftlichkeit[110]

---

[109] Quelle: [Sch08], S.10
[110] Quelle: [Sch08], S.10

3.2.1 Der Kostenaspekt

Die klassische Betriebswirtschaftslehre (BWL) interpretiert den Begriff der Kosten auf unterschiedliche Weise. Zum Charakteristikum des definitorisch festgelegten quantitativen Begriffs gehören:[111]

- die Existenz eines mengenmäßigen Güterverzehrs,
- der Güterverzehr muss eine Leistungsbezogenheit aufweisen, d.h. die Ausrichtung an den strategischen Zielen der Unternehmung und
- die Bewertung des leistungsbezogenen Güterverzehrs, d.h. die Zuordnung eines Preises, als monetäre Größe, um eine Vergleichbarkeit zu gewährleisten.

Prof. Dr. Henning Müller definiert den wertmäßigen Kostenbegriff wie folgt: „… Kosten [sind] der bewertete Verbrauch von Wirtschaftsgütern, der mit der betrieblichen Leistungserstellung und der hierzu erforderlichen Aufrechterhaltung der Betriebsbereitschaft verbunden ist.“[112] Im Bereich der Wirtschaftlichkeitsanalyse von IT-Investitionen wird der Begriff Kosten häufig auch synonym für Aufwand, Ausgaben und Auszahlungen verwendet. „Durch die Spezifika der IT-Investitionen bedingt umfasst der Begriff Kosten zusätzlich noch die Ineffizienzen, die durch die Einführung neuer IT-Systeme entstehen und die nicht vermeidbaren negativen Nebenwirkungen [z.B. Downtime].“[113]

Traditionelle betriebswirtschaftliche Ansätze zur Bewertung der Kosten der IT haben sich in der Praxis als unzureichend erwiesen, die fehlende Kostenorientierung in diesem Sektor fördert die Problematik. Im Kontext einer IT-Investition müssen daher Unterscheidungskriterien für den Begriff der Kosten definiert werden, um eine differenziertere und aussagekräftigere Betrachtung der Kosten zu liefern. Zum einen unterscheiden sich diese nach der Häufigkeit ihres zeitlichen Auftretens (einmalig oder periodisch anfallend), zum anderen durch die Untergliederung in direkte und indirekte Kosten in Anlehnung an das TCO-Modell der Gartner Group.[114] Letzteres berücksichtigt darüber hinaus die Kostenorientierung, indem es seinen Fokus auf die Gesamtkosten der IT als zentrales Untersuchungsobjekt richtet. Weitere Informationen zum TCO-Modell folgen im Abschnitt 4.3.3. Die Anhänge liefern eine detaillierte Darstellung der genannten Kostenkategorien.

---

[111] Vgl. [Sch08], S.10ff
[112] Quelle: [Mül06], S.34
[113] Quelle: [Oku06], S.3
[114] Vgl. [Oku06], S.60

3.2.2 Der Nutzenaspekt

Neben dem Kostenaspekt spielt auch der Nutzenaspekt für die Bewertung der Wirtschaftlichkeit einer IT-Investition eine wesentliche Rolle. Um den Nutzen umfassend und wirkungsorientiert erfassen zu können, ist es von essentieller Bedeutung, dass „nur Aspekte einbezogen werden, deren Wirkung tatsächlich auf die Implementierung zurückzuführen ist ... [und] dass nicht jede positive Wirkung auch gleich als Nutzen interpretiert wird ...".[115] Eine differenzierte Betrachtung der korrelierenden Unternehmensziele ist unabdingbar.

Johannes Antweiler definiert den Begriff des Nutzens als „die Art und der Umfang der Fähigkeit eines Gutes, hier also von ... [IT-Systemen oder IT-Komponenten], ... zur Bedürfnisbefriedigung der relevanten Mitarbeiter beizutragen."[116] Der Begriff des Nutzens kann aus sowohl volkswirtschaftlicher als betriebswirtschaftlicher Perspektive betrachtet werden. In dieser Arbeit findet eine betriebswirtschaftliche Betrachtung des Nutzens statt. Wie Shota Okujava in [Oku06] ausführt, haben die Nutzenaspekte von IT-Investitionen einen besonderen Charakter, begründet durch seine schwierige Determination sowie starke Heterogenität. Die meisten Nutzenaspekte sind zwar erfassbar, jedoch nur schwer zu quantifizieren. Dr. Markus Hirschmeier zeigt die zahlreichen Begriffe und Facetten auf, mit welchen der Nutzen bezeichnet werden kann:[117]

- Qualitativer Nutzen
- Strategischer Nutzen
- Indirekter Nutzen
- Intangibler Nutzen
- Diffuser Nutzen
- Weicher Nutzen

Diese Begriffe werden häufig synonym verwendet, da es an einer einheitlichen Definition des Nutzenbegriffs im Kontext von IT-Investitionen mangelt. Wie auch der Kostenaspekt muss der Nutzenaspekt einer IT-Investition einer wirkungsorientierten Betrachtung unterzogen werden, um sämtliche Faktoren zu erfassen, „die sich positiv auf die in einer Investition angestrebten Ziele und Zwecke auswirken."[118]

---

[115] Quelle: [Sch08], S.13
[116] Quelle: [Ant95], S.74
[117] Vgl. [Hir05], S.4
[118] Quelle: [Oku06], S.3

Den multidimensionalen Charakter des Nutzens beschreibt Ludwig Schönherr umfassend in [Sch08], indem er ihn in die vier Kategorien

- Produktivitätssteigerung
- Kostensenkung
- Wettbewerbsvorteile
- Soziale Aspekte

untergliedert.[119] Demnach kann die Wirkung des Nutzens einer IT-Investition in Abhängigkeit vom Zeitpunkt der Implementierung isoliert oder integriert, direkt oder indirekt vorliegen. Beispielsweise manifestiert sich der Nutzen häufig in Form höherer Kundenzufriedenheit, höherer Mitarbeiterzufriedenheit, einem besseren Unternehmensimage oder einem erhöhten Reaktionsvermögen des Unternehmens. Eine umfangreiche Darstellung der zahlreichen Nutzenaspekte liefert der Anhang.

Es bleibt festzuhalten, dass der Nutzen einer IT-Investition multidimensionalen Charakter besitzt, meist qualitativer Natur und stets in hohem Maße subjektiv ist, wodurch eine Quantifizierung sowie Monetarisierung nur schwer, wenn überhaupt, möglich ist.

3.3   Der Begriff der Wirtschaftlichkeit

Das Gabler Wirtschaftslexikon definiert die Wirtschaftlichkeit als einen „wirtschaftssystem- und unternehmenszielindifferenten Begriff dafür, inwieweit eine Tätigkeit dem Wirtschaftlichkeitsprinzip genügt."[120] Das Wirtschaftlichkeitsprinzip wiederum ist als „normative Vorstellung von wirtschaftlicher Betätigung zum Zweck der Gewinnerzielung"[121] zu sehen und wird als Formalziel unternehmerischen Handelns betrachtet. Das Wirtschaftlichkeitsprinzip besitzt drei Ausprägungen, welche als

- Maximalprinzip – fordert eine höchstmögliche Zielerreichung mit gegebenem Mitteleinsatz
- Minimalprinzip – fordert die Erreichung eines gegebenen Ziels mit minimalen Mitteleinsatz

---

[119] Vgl. [Sch08], S. 14
[120] [Pro10]
[121] [Pro101]

- Optimalprinzip – fordert ein möglichst gutes Wirkungsverhältnis zwischen Mitteleinsatz und erzieltem Ergebnis

bekannt sind.

Die Wirtschaftlichkeit repräsentiert eine optimal angestrebte Relation von eingesetzten Mitteln (Input/Aufwand) und erzieltem Ergebnis (Output/Ertrag). Prinzipiell wird zwischen der mengenmäßigen und wertmäßigen Wirtschaftlichkeit differenziert, da das Wirtschaften sowohl durch eine mengenmäßige wie auch wertmäßige Dimension geprägt ist. Im Kontext einer IT-Investition steht meist die wertmäßige Wirtschaftlichkeit als ein Verhältnis von Ertrag zu Aufwand im Fokus:[122]

$$\text{Wertmäßige Wirtschaftlichkeit} = \text{Ertrag} / \text{Aufwand}$$

Die Wirtschaftlichkeit wird häufig auch als Relation von Nutzen und Kosten dargestellt:

$$\text{Wirtschaftlichkeit} = \text{Nutzen} / \text{Kosten}$$

und dient i.A. sowie in der Fallstudie der Veranschaulichung des Kosten-Nutzen-Verhältnisses einer IT-Investition. Im Rahmen von IT-Investitionen werden einzelne Handlungsalternativen hinsichtlich ihrer relativen Wirtschaftlichkeit hin untersucht, um diejenige Investitionsalternative zu selektieren, welche die beste absolute Wirtschaftlichkeit aufweist. Steht nur eine einzige Investitionsalternative zur Disposition, wird stets die absolute Wirtschaftlichkeit zur Bewertung der IT-Investition herangezogen. Die Darstellung der Wirtschaftlichkeit kann dabei mittels Wirtschaftlichkeitskennzahlen (z.B. CFROI, Netto-Kapitalwert, Break Even, Eigenkapitalrentabilität) sowie mittels umfangreicher und umfassender Wirtschaftlichkeitsbewertungen erfolgen.

3.4 Überblick der Methoden zur Wirtschaftlichkeitsanalyse von IT-Investitionen

Die bisher beschriebenen Problemfelder bei der Wirtschaftlichkeitsanalyse einer IT-Investition, welche hauptsächlich auf den nur sehr schwer zu quantifizierenden Nutzen zurückzuführen sind, manifestieren sich u.a. auch in der Auswahl geeigneter Methoden für eine wirtschaftliche Betrachtung. Dieser Abschnitt liefert einen Überblick möglicher Methoden zur Wirtschaftlichkeitsanalyse einer IT-Investition in Anlehnung an [Hir05],

---

[122] Vgl. [Oku06], S.4

[Oku06] sowie [Sch08] und zeigt auf, welcher Komplexität diese Materie unterworfen ist, welchen Limitationen aktuelle Methoden unterworfen und welche Anpassungen an bestehenden Methoden erforderlich sind. Der Abschnitt schließt mit der Auswahl einer geeigneten Methode für die Fallstudie ab und begründet, warum diese Methode gewählt wurde und für die Untersuchung dieser konkreten IT-Investition geeignet erscheint.

Dr. Markus Hirschmeier betrachtet in [Hir05] umfassend die bekannten und zur Verfügung stehenden Methoden der Wirtschaftlichkeitsanalyse einer IT-Investition unter Berücksichtigung deren multidimensionalen Charakters im Rahmen einer Meta-Analyse. In dieser untersucht er detailliert die verschiedenen Kategorien von Methoden, stellt diese kurz vor, analysiert sie hinsichtlich ihrer qualitativen, quantitativen und peripheren Anforderungen[123] an die Wirtschaftlichkeitsanalyse einer IT-Investition, bewertet deren methodische Leistungsfähigkeit und zeigt deren Potenziale und Defizite auf. Abschließend stellt er die untersuchten Methoden und seine Konklusion im Rahmen einer Synthese in Form eines Entscheidungsrasters dar. Sein Entscheidungsraster, welches im Anhang zu finden ist, vermittelt in Form einer Matrix einen schematischen Überblick über die Leistungsfähigkeit, Einsetzbarkeit und Kombinierbarkeit der einzelnen Methoden zur Wirtschaftlichkeitsanalyse einer IT-Investition. Des Weiteren vermittelt die Matrix, inwieweit die einzelnen Methoden die Wirkungen und Effekte von IT-Investitionen antizipieren können.

Gemäß seiner Meta-Analyse lassen sich als Ergebnis folgende Methodenkategorien zur Wirtschaftlichkeitsanalyse aufführen:[124]

- Statische und dynamische Methoden
- Qualitative Methoden
- Kostenorientierte Methoden
- Realoptionspreismodelle
- Simulationen
- Erfahrungskurvenmodelle

Shota Okujava befasst sich in seiner Arbeit [Oku06] mit der Fragestellung, wie die Wirtschaftlichkeitsanalyse von IT-Investitionen methodisch unterstützt werden kann. Dabei zeigt er Defizite aktueller Methoden im Zusammenhang mit denen in dieser Arbeit vorangegangenen Abschnitten evaluierten Herausforderungen im Umfeld der

---

[123] Vgl. [Hir05], S.18 ff
[124] Siehe 0

Wirtschaftlichkeitsanalysen auf. Er führt einen Vergleich zwischen den klassischen formal-rationalen Modellen und alternativen, situationsabhängigen Modellen, „die die spezifischen Eigenschaften der IT-Investitionen berücksichtigen und zur ausgewogenen Bewertung besser geeignet sind."[125] Des Weiteren entwickelt der Autor ein generisches Framework zur Identifikation von Nutzen und Risiken von IT-Investitionen in einer multiperspektivischen Betrachtung und zeigt den Facettenreichtum der genannten Charakteristika umfassend auf. Aufgrund des multi-dimensionalen Charakters einer IT-Investition beschreibt er den Einsatz von situationsabhängigen Methoden zur Bewertung der Wirtschaftlichkeit unter Einbeziehung der Interessengruppen im Rahmen eines kontinuierlichen Prozesses (PDCA-Ansatz).[126]

Formal-rationale Modelle	Situationsabhängige Modelle
Ökonomische Faktoren dominierend	Soziale Faktoren dominierend
Unabhängig vom Unternehmenskontext	Beachten den Unternehmenskontext
Traditionelle, rationale Methoden genutzt	Neue, interpretierende Methoden genutzt
Unpolitisch	Politisch
Eine einzige, objektive Sicht	Subjektive Sicht mehrerer Gruppen

Tabelle 3 - Vergleich formaler und situationsabhängiger Methoden[127]

Die Betrachtung von Kosten und Nutzen zur Bewertung der Wirtschaftlichkeit reichen nach [Oku06] nicht aus. Weitere Perspektiven sind erforderlich, um dem multi-dimensionalen Charakter der IT-Investition gerecht zu werden: die Risiken und die sozialen Aspekte. Stakeholder beeinflussen die Wirtschaftlichkeit einer IT-Investition, wodurch die situative Selektion einer geeigneten Methode im Rahmen einer kontinuierlichen Evaluierung fundierte Ergebnisse zulässt.[128]

---

[125] Quelle: [Oku06], S.III
[126] Vgl. [Oku06], S.145 ff
[127] Quelle: [Oku06], S.26
[128] Alle in [Hir05], [Oku06] und [Sch08] beschriebenen Methoden aufzuführen übersteigt den Rahmen dieser Arbeit. Die genannte Literatur kann für tiefergehende Recherchen zum Komplex der Wirtschaftlichkeitsanalyse von IT-Investitionen herangezogen werden.

4 Fallstudie: Virtualisierung in einem pharmazeutischen Unternehmen

Die vorangegangen Abschnitte bilden aus dem technischen Komplex „Virtualisierung" und dem wirtschaftswissenschaftlichen Komplex „Wirtschaftlichkeitsanalyse" das theoretische Fundament für die kritische Bewertung eines spezifischen Investitionsfalles unter Einsatz einer konkreten Technologie. Das Kapitel 4.1 skizziert das zu untersuchende Unternehmen als Träger der IT-Investition. Anschließend folgt eine Analyse der Motivation der IT-Verantwortlichen, die als Ausgangspunkt für die Realisierung des Projekts „Virtualisierung" zu sehen ist. Aus dieser Motivation können konkrete Ziele, die mit dem Investitionsfall einhergehen, abgeleitet und im Abschnitt 4.3 kritisch bewertet werden. Dazu liefert der Abschnitt 4.3.1 eine Analyse der Charakteristika der IT-Investition, um sie anschließend einer Kategorisierung zu unterziehen und eine geeignete Methode zu deren wirtschaftlichen Evaluierung zu selektieren (Abschnitt 4.3.2). Der Analyse der gewählten Methode, der Vorgehensweise und der Rahmenbedingungen für die Fallstudie folgen die Durchführung und Präsentation des Ergebnisses der Wirtschaftlichkeitsbetrachtung. Der Abschnitt 4.4 schließt dieses Kapitel mit einer kurzen Analyse der Potenziale der VI ab.

4.1 Das Umfeld des zu untersuchenden Unternehmens

Die zu untersuchende Unternehmen entwickelt und produziert natürliche und patientengerechte Präparate, die unter strengen Produktionsrichtlinien hergestellt werden. Dabei hat sich das Unternehmen auf Arzneimittel spezialisiert. Es bewegt sich mir seiner Produktpalette in innovativen und dynamischen Märkten. Dafür ist der Einsatz neuer Technologien unerlässlich. Es nutzt modernste Informationstechnologien für die höchste Qualität seiner Produkte. Daher hat sich das Unternehmen dazu entschlossen, seine gesamte IT-Infrastruktur hinsichtlich seines Virtualisierungspotenzials zu untersuchen und geeignete Systeme in eine virtualisierte Infrastruktur zu überführen. Unternehmen, die sich für die Virtualisierung entscheiden, müssen sich jedoch im Klaren sein, dass es sich hierbei nicht nur um ein Projekt handelt, sondern auch um eine Strategie. Die viel zitierten Vorteile der Virtualisierung machen sich erst mittelfristig bemerkbar. Dieser Aspekt muss in der Erwartungshaltung aller IT-Verantwortlichen fest verankert werden, um Enttäuschungen zu vermeiden. Die Virtualisierung darf nicht als reiner Selbstzweck gesehen werden, „sondern muss auf Basis eines validen Business Case Einzug in die Unternehmen halten."[129] Die Virtualisierung erfordert eine ganzheitliche Betrachtung innerhalb der IT-Organisation.

Das Unternehmen verfügt derzeit über etwa 120 Mitarbeiter und erzielte zuletzt einen Nettoumsatz von ca. € 30 Mio. Die kontinuierliche Steigerung des Netto-Umsatzes weist dem Unternehmen ein gesundes Wachstum aus. Die IT-Kosten sind analog zum Netto-Umsatz gestiegen, obwohl die verwendeten IT-Investitionen nicht mit ihnen korrelieren. Ein erklärtes Ziel des Unternehmens ist die Senkung seiner IT-Kosten.

Die Tabelle 4 gibt einen Überblick der Kenngrößen der letzten drei Kalenderjahre:

	2006	2007	2008	2009
Netto-Umsatz	27,5 Mio. €	28,3 Mio. €	30,5 Mio. €	31,5 Mio. €
IT-Kosten	268 T€	352 T€	368 T€	450 T€
IT-Investitionen	55 T€	151 T€	73 T€	66 T€

Tabelle 4 - Kennzahlen des untersuchten Unternehmens[130]

Für das Projekt der Implementierung einer VI entschied sich das Unternehmen für das Produkt des VMware ESX 3.5. Hierbei handelt es sich aktuell um das ausgereifteste und fortschrittlichste Produkt zur Servervirtualisierung, das am Markt verfügbar ist und die Anforderungen des Unternehmens am besten erfüllte. Zu dieser Erkenntnis kam das Unternehmen im Rahmen der Vorprojektphase, in der verschiedene Konzepte zur Imple-mentierung der VI vorgestellt und bewertet wurden. Begleitet wurde diese Phase durch Afontis, den langjährigen IT-Dienstleister des Unternehmens, durch einen unabhängigen Berater und potenzielle Anbieter aus dem Umfeld der VMware-Partner. Die Projektleitung lag bei den IT-Verantwortlichen des zu untersuchenden Unternehmens.

Der VMware ESX Server bietet in der Version 3.5 zahlreiche Tools, die das Management, die Verfügbarkeit und den Grad der Ressourcennutzung auf effiziente sowie zentrale Art und Weise ermöglichen. Funktionen wie VMotion, DRS und HA, die zentrale Manage-ment-GUI VI Client und die Verwaltung der VMs über Templates und Snapshots unterstüt-zen die IT-Mitarbeiter bei der Administration, Wartung, Aufrechterhaltung, Analyse und Optimierung der VI. Neben diesen technologischen Aspekten war für das zu untersuchende

---

[129] Quelle: [Run08], S.37
[130] Quelle: Mittelständisches produzierendes Unternehmen

Unternehmen die langjährige Expertise und Innovationskraft des Herstellers VMware im Marktsegment der Virtualisierung ausschlaggebend, sich für dieses Produkt zu entscheiden.

Die Implementierung der VI wurde Ende des Jahres 2008 begonnen und im Mai 2009 abgeschlossen. Neben der Afontis wurde ein ausgesuchter VMware-Partner für die Implementierung herangezogen, um das Fachwissen der Afontis an geeigneter Stelle ergänzen zu lassen. Der VMware-Partner wiederum konnte auf die langjährige Kenntnis der Afontis hinsichtlich der kundenspezifischen IT-Infrastruktur zugreifen. Die VI wurde in dieser partnerschaftlichen Konstellation in seiner Basisfunktionalität in Betrieb genommen. Eine anschließende Abnahme der implementierten VI auf Basis des Lasten- und Pflichtenhefts schloss das Projekt erfolgreich ab. Von diesem Zeitpunkt an widmete sich die Afontis gemäß den Zielen und Anforderungen des Kunden der Migration und Konsolidierung weiterer Server sowie der Optimierung der VI. Die zur Verfügung stehenden Ressourcen (CPU, RAM, Storage) waren im Konzept großzügig dimensioniert (siehe Tabelle 5), um die Skalierbarkeit und Flexibilität der VI für die Zukunft zu gewährleisten. Die Abbildung 17 liefert einen Überblick des aktuellen Virtualisierungsgrades des Kunden.

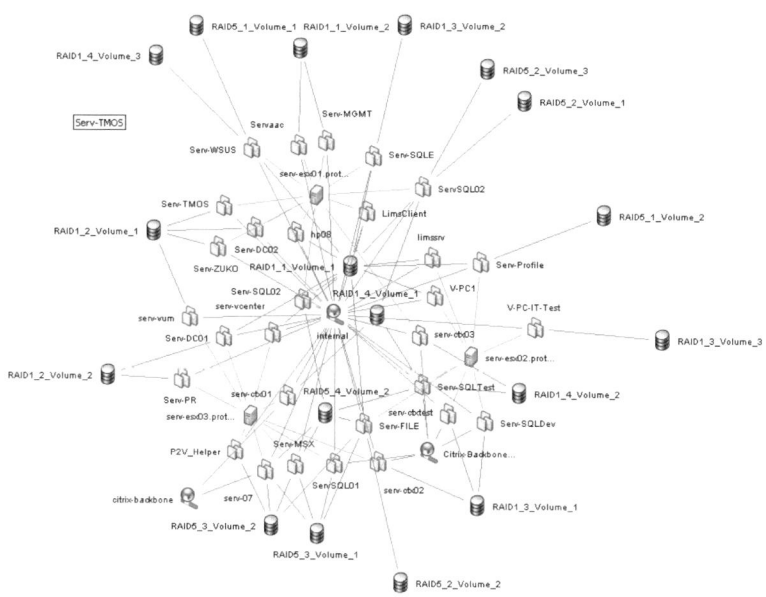

Abbildung 17 - Überblick der VI bestehend aus Storage, VMs und Hosts[131]

---

[131] Eigene Abbildung

Total CPU Resources	60GHz
Total Memory	48GB
Number of Hosts	3
Total Processors	24
Number of Virtual Machines	30
Number of LUNs	20
Total Storage Capacity	4.200GB

Tabelle 5 - VI Ressourcen[132]

4.2 Analyse der Motivation

Die Motivation des untersuchten Unternehmens hin zu einer virtuellen Infrastruktur (VI) über den Zwischenschritt der Serverkonsolidierung durch Virtualisierung speist sich aus mehreren Faktoren technologischen, ökonomischen und ökologischen Ursprungs. „Laut Gartner implementieren Unternehmen Virtualisierung infolge des Wunschs nach Serverkonsolidierung. 93 Prozent der befragten Unternehmen nannten dies als Beweggrund. Weitere Triebkräfte sind geringere Hardware-Kosten (56 Prozent), verbesserte Disaster Recovery (54 Prozent) und zentralisiertes Management (50 Prozent). Virtualisierung gilt als Wundermittel zu besseren Auslastung von Servern, zur Reduktion von Stromkosten und zur Verbesserung der Öko-Bilanz."[133] Mittels eines Fragebogens[134] an die IT-Verantwortlichen wurden die Beweggründe des untersuchten Unternehmens erfragt und identifiziert. In diesem Abschnitt werden die Antworten auf diese Fragen zur Motivation beleuchtet und ausgewertet. Ziel dieser Arbeit ist es, in den folgenden Kapiteln festzustellen, ob und in welchem Umfang die Ziele des untersuchten Unternehmens durch die Implementierung einer VI erreicht werden konnten.

Die Auswertung der Fragebogen zeigt eindeutig, dass sich das untersuchte Unternehmen von der Implementierung der VI neben der zu erwartenden Kostenersparnis auch Verbesserungen im Bereich der Verfügbarkeit, der Flexibilität, der Skalierbarkeit, der Ressourcennutzung und der Zukunftssicherheit verspricht. Darüber hinaus ermöglicht

---

[132] Eigene Tabelle
[133] Quelle: [Run08], S.36
[134] Siehe Anhang

die VI einen erhöhten Grad an Zentralisierung, Simplifizierung und Transparenz hinsichtlich ihres gesamten Managements, d.h. Administration und Wartung, mit der Erwartung, die operative Effizienz der IT-Mitarbeiter kurzfristig steigern zu können.

Im Kern ist die Motivation weniger von strategischer als vielmehr von technologischer Notwendigkeit geprägt. Das Unternehmen verfügte vor der Implementierung der VI über mehr als 20 physische Server unterschiedlichen Alters und Konfigurationen Die historisch gewachsene IT-Infrastruktur erreichte einen Grad der Heterogenität, welcher u.a. zu Intransparenz, Inflexibilität, Instabilität und unzureichender Serverauslastung führte. Die genannten Faktoren trieben die Kosten für das Management der IT-Infrastruktur durch erhöhten zeitlichen Einsatz der IT-Mitarbeiter in die Höhe.

Obwohl diese IT-Investition primär aus technologischen Aspekten initiiert wurde und proaktiver Natur ist, ist sich das Unternehmen auch des strategischen Nutzenpotenzials bewusst, welches die Implementierung einer VI mit sich bringen kann. Die Auswertung der Fragebogen zeigt, dass die VI mittelfristig die Basis für weitere Folgeinvestitionen darstellen kann, mit welchen die strategischen Ziele des Unternehmens unterstützt werden können. Zugleich sollen mit der VI als Fundament der IT-Infrastruktur die Investitionshöhen von Folgeprojekten gesenkt werden. Die Verbesserung der Wettbewerbsposition durch den Einsatz modernster Informationstechnologien soll ergänzt werden durch eine intensivere Kundenorientierung und -bindung mittels der Implementierung eines geeigneten CRM-Systems, um dadurch die Qualität der Kundenbetreuung zu erhöhen und einen Mehrwert für den Kunden zu generieren. Des Weiteren sieht das untersuchte Unternehmen in der VI das Potenzial zur Einführung eines ILM sowie einer umfassenden Infrastrukturdokumentation in Anlehnung an den ITIL-Standard. In wenigen Jahren könnte auch die Einführung einer Virtual Desktop Infrastructure (VDI) zur Ablösung der aktuellen Client-Architektur in Frage kommen, wenn die Technologie den Anforderungen des Unternehmens standhält.

Die Wirtschaftlichkeitsanalyse wird zeigen, welche der in der Tabelle 6 genannten ökonomischen Ziele durch die IT-Investition erfüllt werden können. Alle weiteren Ziele sollten ebenfalls durch die Implementierung der VI erreicht werden können, um die vorgenommene IT-Investition umfassend zu rechtfertigen.

Zusammenfassend lassen sich folgende Ziele mit der Einführung einer VI aus der Motivation des untersuchten Unternehmens ableiten. Auf ein weitergehendes Priorisieren der Ziele wurde dabei verzichtet:

Zielkategorie	Zielbeschreibung
Technologische Ziele:	• Hardwareseitige Erneuerung der Serverlandschaft
	• Erhalt von Legacy-Systemen
	• Beseitigung historischer Altlasten
	• Steigerung des Grads der Ressourcennutzung bei den sog. Major System Components[135]
	• Erhöhung der Flexibilität der IT-Infrastruktur
	• Erhöhung der Verfügbarkeit der IT-Infrastruktur
	• Erhöhung der Leistungsfähigkeit der IT-Infrastruktur
	• Erhöhung der Skalierbarkeit der IT-Infrastruktur
Ökonomische Ziele:	• Kostensenkung durch Steigerung der operativen Effizienz
	• Vereinfachtes, zentrales Management der IT-Infrastruktur
	• Ersparnisse bei der Anschaffung von Hardware und Software für die Implementierung neuer Systeme
	• Senkung der allgemeinen Betriebskosten der IT-Infrastruktur
Ökologische Ziele:	• Senkung des Stromverbrauchs für Serverhardware und Klimageräte
	• Senkung der Anzahl zu entsorgender Altgeräte

Tabelle 6 - Ziele des untersuchten Unternehmens nach Kategorien[136]

---

[135] Storage Disk I/O, Speichernutzung, Prozessorauslastung, Netzwerkauslastung
[136] Eigene Tabelle

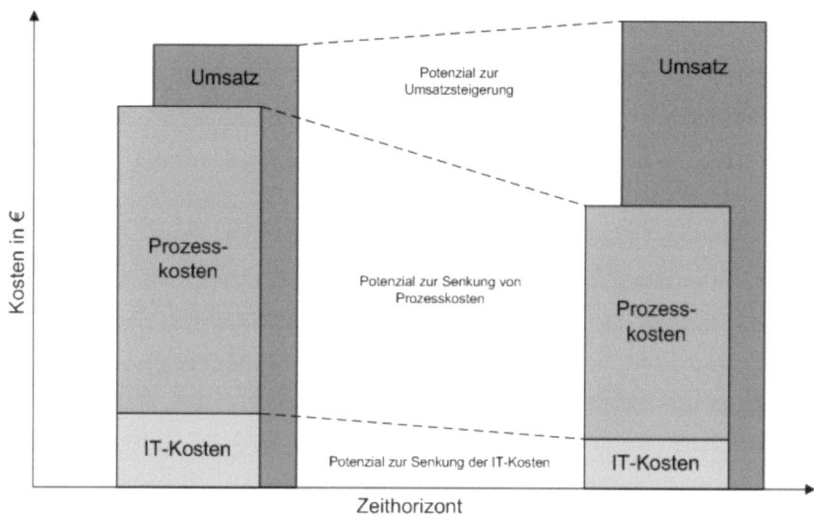

Abbildung 18 - Möglicher Wertbeitrag durch den Einsatz der IT[137]

Die Abbildung 18 zeigt auf, welchen möglichen Wertbeitrag und demzufolge strategischen Nutzen eine IT-Investition mit sich bringen kann. Auf die Motivation und Ziele des Unternehmens übertragen, können die IT-Kosten, bestehend aus Infrastruktur- und operative Kosten, ebenso wie die Prozesskosten, die durch den Einsatz einer organisationsweiten und fachübergreifenden ERP-Applikation unterstützt und verändert werden können, gesenkt werden. Dies wiederum kann die Effizienz in allen Bereichen des Unternehmens steigern, die Leistungserbringung verbessern, die Wett-bewerbsposition und die Kundenbeziehungen stärken und schließlich in einem erhöhten Umsatz münden.[138]

4.3 Analyse der Wirtschaftlichkeit

„Ein Kernbereich des IT Controlling beschäftigt sich mit der Wirtschaftlichkeitsüberprüfung und der Auswahl von IT Projekten. Managementinstrumente für diese Aufgaben werden seit Bestehen der Disziplinen Wirtschaftsinformatik und Information Systems (IS) intensiv diskutiert. In den meisten Fällen fokussieren sich diese Instrumente entweder auf finanzielle oder auf strategische Bewertungen und wurden in den

---

[137] Quelle: [Kes07], S.11
[138] Vgl. [Kes07], S.11

vergangenen Jahren stetig weiterentwickelt. Als Kernproblem wird hierbei die Erfassung des Nutzens der IT gesehen."[139]

Die in diesem Kapitel verwendeten Begrifflichkeiten der Wirtschaftlichkeit, der Kosten und des Nutzens einer IT-Investition wurden in Abschnitt 3 umfassend erläutert. Die Probleme und Herausforderungen, die zur Bewertung der Wirtschaftlichkeit einer IT-Investition beitragen, werden in diesem Abschnitt anhand der Fallstudie konkretisiert und identifiziert. Dabei wird untersucht, um welche Art der IT-Investition es sich handelt, welche Kosten- und Nutzenaspekte Berücksichtigung finden, auf welche Weise diese quantifiziert und monetarisiert werden und welche Methode der Wirtschaftlichkeitsanalyse aufgrund der Konklusion aus Abschnitt 4.3.2 Anwendung findet. Im Anschluss folgen die Untersuchung der Wirtschaftlichkeit anhand der identifizierten Methode sowie die Darstellung der Ergebnisse mittels geeigneter Wirtschaftlichkeitskennzahlen.

4.3.1 Attribute der IT-Investition

Die IT-Investition „Virtualisierung" dient dieser Arbeit als Fallstudie zur Evaluierung ihrer Wirtschaftlichkeit. Der im Abschnitt 3.1 erläuterte multi-dimensionale Charakter einer IT-Investition erfährt insofern seine Berücksichtigung, um eine geeignete Methode zu identifizieren. Die Charakteristika der IT-Investition und deren Aspekte, Effekte und Dimensionen wurden in Kooperation mit dem untersuchten Unternehmen mittels Fragebogen an die IT-Verantwortlichen und anschließender Meetings identifiziert und validiert. Die Resultate ermöglichen die Wahl einer geeigneten Methode zur Wirtschaftlichkeitsanalyse der Virtualisierung im Rahmen der Fallstudie.

Die vom untersuchten Unternehmen im Rahmen der Virtualisierung vorgenommene IT-Investition hat folgende Charakteristika:[140]

- es handelt sich um ein klassisches IT-Projekt, ergo um eine IT-Investition des Typs A[141]

- eine Einordnung in die 4-Felder-Matrix von Galliers zeigt, dass es sich um eine pro-aktive, lösungsorientierte und damit technologie-getriebene Investition handelt[142]

---

[139] Quelle: [Hir06], S.2
[140] Die mit der VI assoziierten Nutzenaspekte sowie deren Berücksichtigungsgrad wurden im Abschnitt 4.2 dargelegt.
[141] Vgl. Tabelle 2 auf S.61
[142] Vgl. Abbildung 15 auf S.62

- sie verfolgt primär das Ziel der Kostensenkung im Infrastruktur- und im operativen Bereich mittels Effizienzerhöhung im IT-Management[143]

- ihre kurzfristigen Nutzenaspekte sind primär im quantitativen Umfeld zu identifizieren

- sie verfügt über keine nennenswerten Stakeholder, die aufgrund ihres persönliches Interesses die Wirtschaftlichkeit der IT-Investition beeinträchtigen könnten

- ihre Risiken werden lediglich im Bereich des Kompetenzverlusts und einer erhöhten Abhängigkeit vom IT-Dienstleister gesehen; die Technologie der Virtualisierung und das eingesetzte Produkt werden als ausgereift betrachtet, wodurch Risiken monetär unberücksichtigt bleiben

- ihre Betrachtung findet im Rahmen einer wertmäßigen, absoluten Wirtschaftlichkeit über einen definierten Zeitraum statt[144]

- sie stellt eine isolierte, singuläre IT-Investition dar, welche sich primär auf die IT-Infrastruktur und deren Management auswirkt; andere Organisationsbereiche der Unternehmung werden nicht tangiert[145]

- sie wird im Rahmen der Wirtschaftlichkeitsanalyse postaktiv untersucht[146]

- weitere Effekte der IT-Investition, wie z.B. Mitarbeiter-, Kunden-, Interdependenz oder Volatilitätseffekte sind nicht festzustellen[147]

- ihre temporale Effekte manifestieren sich über den Zwischenschritt von Lern- und Prozesseffekten in Kostenersparnissen[148]

4.3.2 Wahl der Methode zur Wirtschaftlichkeitsanalyse

In Anlehnung an das Entscheidungsraster von [Hir05] im Anhang können folgende Gruppierungen von Methoden und Modellen zur Wirtschaftlichkeitsanalyse einer IT-Investition identifiziert und komparativ-vergleichend beurteilt werden. Einzelne Methoden werden dabei repräsentativ der entsprechenden Gruppierung zugeordnet:

- Statische und dynamische Methoden: diese Methoden stellen die fundamentalen Rechenoperationen dar, um Kosten und Nutzen in eine mathematische Relation zu

---

[143] Vgl. Abschnitt 4.2
[144] Vgl. Abschnitt 4.3.3.3
[145] Vgl. Abschnitt 4.2
[146] Vgl. Abschnitt 4.3.3.3
[147] Vgl. Abschnitt 4.2
[148] Vgl. Abschnitt 4.2

setzen und eine Aussage über die Wirtschaftlichkeit einer IT-Investition zu treffen. Ausgehend von monetären Beträgen in aggregierter Form wird das Ergebnis entweder als dimensionslose Kennzahl (ROI, IRR, Rentabilität), monetärer Betrag (NPV, CBA) oder als Zeitdauer (PBP) abgebildet. Während statische Methoden kumulierte, periodenbezogene oder durchschnittliche Werte verwenden, gestatten dynamische Methoden „eine zeitdifferenzierte Betrachtung der anfallenden Kosten- und Nutzeneffekte über das Konzept der Zahlungsreihe und eine wirtschaftliche Bewertung der zeitlichen Effekte über die zinsbezogene Diskontierung der Werte."[149] Diese Methoden finden in der Praxis eine weite Verbreitung und Akzeptanz, obwohl sie durch mangelnde Datenverfügbarkeit und -unschärfen geprägt sind.

- Qualitative Methoden: sie gestatten eine methodische Berücksichtigung aller Kosten- und Nutzeneffekte auf qualitativer Basis, wobei Defizite im quantitativen Spektrum zu sehen sind, da keinerlei monetäre Bewertung der Eingangsgrößen stattfindet. Diese Methoden konzentrieren sich auf statische Zeitpunktbetrachtungen und berücksichtigen temporale Effekte lediglich in qualitativer Form. Die Bewertungen sind subjektiver Natur und die methodische Anwendung für eine monetäre Wirtschaftlichkeitsanalyse nur partiell geeignet. Diese Methoden werden häufig zur Beurteilung der monetär schwer zu quantifizierenden Nutzeneffekte herangezogen. Beliebte Beispiele der Praxis stellen BSC, KPI und DART dar, welche sich breiter Akzeptanz und hoher Beliebtheit erfreuen.

- Kostenorientierte Methoden: diese Methoden konzentrieren sich auf die Kostenseite einer IT-Investition. Sie legen ihren Fokus auf die Betrachtung von Kosteneinsparungen und liefern Quantifizierungsbeiträge, um Mitarbeiter- und Prozesseffekte zu berücksichtigen. Mittels der Prozesskostenrechnung (ABC) können Kosten quantifiziert sowie Kosteneinsparungen durch einen Prä-Post-Vergleich der Wirtschaftlichkeit identifiziert werden. Der Einsatz von Aufwandschätzverfahren (FPM, COCOMO) ermöglicht die Quantifizierung des Personalaufwands, der TCO-Ansatz berücksichtigt umfassende Kosten-kategorien. Allen Methoden mangelt es jedoch an der Abbildung von temporalen, von Interdependenz- und von Volatilitätseffekten. Die qualitativen Nutzenaspekte einer IT-Investition bleiben weitgehend unberücksichtigt, was zu einer asymmetrischen Berücksichtigung von Kosten und Nut-

---

[149] [Hir05], S.190

zen führt. Es finden nur solche Nutzeneffekte, die sich in Form von Kosteneinsparungen manifestieren, eine Berücksichtigung. Diese Methoden sind in der Praxis v.a. aufgrund ihrer leichten Anwendbarkeit sehr beliebt und akzeptiert.

- Realoptionspreismodelle: wie auch die statischen und dynamischen Methoden gehen diese Modelle von bereits quantifizierten Größen aus. Im Vergleich zu diesen stellen sie jedoch eine methodische Verbesserung dar, indem sie Volatilitätseffekte, die Zeitstruktur der Kosten- und Nutzeneffekten von IT-Investitionen und insbesondere weiche Effekte explizit monetär bewerten und die Betrachtung einer stetigen Verzinsung ermöglichen. Als Defizit wird die höhere mathematische Fundierung eingestuft. Des Weiteren lassen sich viele Modellgrößen nur über Simulationen bestimmen, subjektive Abschätzungen der Werte stellen keine vernünftige Alternative dar. Diese Modelle genießen in der Praxis aufgrund ihrer Komplexität und ihres Black-Box-Charakters wenig Vertrauen sowie eine nur geringe Akzeptanz. Beispiele für Realoptionspreismodelle sind das Black-Scholes Modell als Vertreter des analytischen Modells sowie das Cox-Rubenstein-Ross Modell als Methode der binomialen Bäume.

- Simulationen: sie stellen einen rein „methodischen Bereich zur Modellierung, Quantifizierung und Prognose von Wertausprägungen"[150], d.h. der Modellierung komplexer Zusammenhänge von Einflussfaktoren in Wirtschaftlichkeitsanalyse, dar, welche die Abbildung von IT-Investition nicht berücksichtigt. Temporale Effekte, Interdependenzen und Volatilitätseffekte werden nicht dargestellt. Die Simulation repräsentiert zunächst eine universell einsetzbare Methode und berücksichtigt „nicht direkt IT-spezifische inhaltliche Aspekte von IT-Investitionen".[151] Bis zur Anwendbarkeit muss eine zeitaufwendige und anspruchsvolle Spezifikation für eine konkrete IT-Investition erfolgen, wodurch keine Allgemeingültigkeit zur Formulierung einer Wirtschaftlichkeitsanalyse gegeben ist. Ebenso wie die Realoptionspreismodelle werden Simulationen, wie z.B. die Sensitivitätsanalyse oder die System Dynamics Methode, als Black-Box wahrgenommen und deren Ergebnisse wenig akzeptiert.

- Erfahrungskurvenmodelle: diese Modelle gestatten Aussagen über typisches Systemverhalten auf der Basis von Erfahrungswerten und „finden daher oft An-

---

[150] [Hir05], S.191
[151] [Hir05], S.161

wendung zur Prognose und Abschätzung von Kosten- und Nutzenentwicklungen bestimmter Größen, die in einer Wirtschaftlichkeits-analyse eingesetzt werden.“[152] Der Einsatz der Methoden ist speziell auf die zu untersuchende IT-Investition abzustimmen, wodurch ein hoher Anpassungsaufwand zur Weiterentwicklung des Modells erforderlich wird. Die Modelle fokussieren auf sehr spezielle Nutzenkategorien: mittels Lernkurven werden Lerneffekte beschrieben sowie Kosteneffekte analysiert, während Erfahrungskurven der mathematischen Beschreibung von Prozesseffekten dienen und Kundenlebenszyklusmodelle zur Abschätzung von Kundeneffekten herangezogen werden. Die notwendige Anpassung der Grundmethode und die damit einhergehende Anwendungsrestriktion führen zu einer geringen Akzeptanz in der Praxis.

Durch Fragebogen und Interviews mit den IT-Verantwortlichen des untersuchten Unternehmens wurden die Motivation, die Ziele und die Charakteristika des Investitionsfalles identifiziert sowie Rahmenbedingungen der Bewertung determiniert, um daraus ableitend eine geeignete Methode zur wirtschaftlichen Betrachtung der VI zu selektieren. Anschließend wurde anhand der von Dr. Markus Hirschmeier durchgeführten qualitativen, quantitativen und peripheren Analyse der verschiedenen zur Verfügung stehenden Methoden und Modelle und der in Abschnitt 4.3.1 anhand von [Oku06] identifizierten Charakteristika der IT-Investition „Virtualisierung“ die kostenorientierte Methode des Total Cost of Ownership (TCO) zur wirtschaftlichen Bewertung herangezogen. Die Gesamtkosten-rechnung (TCO) erlaubt die Analyse von Kosten-, Lern- und Prozesseffekten auf Basis einer hohen Datenqualität und Akzeptanz.

Die folgenden Abschnitte liefern einen grundlegenden Überblick über das Konzept der Gesamtkostenrechnung (TCO), eine kritische Würdigung und beschreiben deren Vorbereitung sowie Durchführung im Rahmen der Fallstudie.

4.3.3 Total Cost of Ownership

Das Modell der Total Cost of Ownership wurde ursprünglich vom Beratungshaus der Gartner Group im Jahre 1987 entwickelt und ist als ganzheitliches, kostenorientiertes Modell zu verstehen, „welches die Gesamtkosten von Vermögensgegenständen und Arbeitszeit erfasst, die im Lebenszyklus eines IT-Systems durch Beschaffung, Nutzung,

---

[152] [Hir05], S.192

Management und Entsorgung anfallen".[153] Bis zu diesem Zeitpunkt wurden im Rahmen von IT-Investitionen lediglich die reinen Anschaffungskosten betrachtet, wohingegen die nicht minder wichtigen Betriebskosten außer Acht gelassen wurden. Letztere übersteigen den eigentlichen Anschaffungspreis i.d.R. um ein Vielfaches.

Basierend auf dem TCO-Ansatz der Gartner Group wurden weitere, z.T. abgewandelte Verfahren durch andere Beratungshäuser, wie z.B. der Meta Group und Forrester Research, entwickelt. Diesen Modellen ist gemein, dass sie überschneidungsfreie Kostenkategorien definieren, „die in ihrer Summe die Gesamtkosten einer Investition über den Lebenszyklus ergeben."[154] Ein wesentliches Ziel aller TCO-Modelle ist es, die kumulierten Gesamtkosten einer IT-Investition über ihre komplette Nutzungsdauer zu bewerten und diese in einzelne Kostenblöcke zu unterteilen, um die eigentlichen Kostentreiber innerhalb der IT-Infrastruktur zu identifizieren und eine transparente IT-Kostenstruktur zu schaffen. Dazu müssen alle anfallenden Kosten hinsichtlich Beschaffung und Einsatz des IT-Systems, auch inkl. der indirekten Unterhaltungskosten, während des gesamten Lebenszyklus erfasst werden.

Die Literaturrecherche ergab, dass detaillierte Informationen zu den einzelnen TCO-Modellen der verschiedenen IT-Analysten nur spärlich verfügbar sind, da diese i.d.R. nur deren Kunden vollständig zur Verfügung gestellt werden.[155] Somit sind nur einzelne Aspekte der TCO-Modelle öffentlich verfügbar. Im Folgenden wird daher vom TCO-Basismodell 4.0[156] der Gartner Group ausgegangen, dessen Eigenschaften mithilfe der verfügbaren Literatur[157] aufgezeigt werden, um anschließend ein geeignetes TCO-Modell für die in der Fallstudie beschriebene IT-Investition entwickeln zu können.

4.3.3.1 Das TCO-Modell

Wie im vorangegangen Abschnitt erläutert verfolgt das TCO-Modell den Ansatz, alle Kosten einer IT-Investition während ihres gesamten Lebenszyklus ganzheitlich zu erfassen. Dazu unterteilt das von der Gartner Group entwickelte, kategorienbasierte TCO-Modell die anfallenden Kosten in direkte (budgetierbare) und sog. indirekte (nicht budgetierbare) Kosten (siehe Abbildung 19):

---

[153] Vgl. [Oku06], S.59
[154] Vgl. [Oku06], S.59
[155] Vgl. [Sch071], S.2 und [Hir05], S.111
[156] Siehe Anhang 8.4
[157] [Mau02], [Hir05], [Oku06], [Sch071], [Sch09]

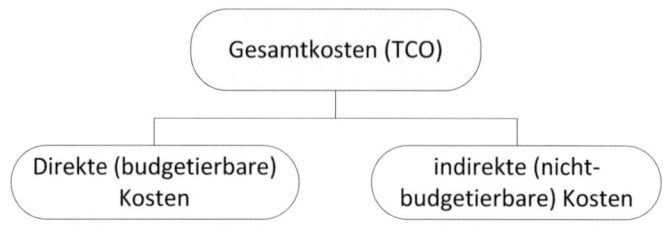

Abbildung 19 - Kostenkategorien des TCO-Modells[158]

Mittels dieser primären Grobstrukturierung werden darunterliegende, sekundäre Kostenkategorien in einer Baumstruktur aufgebaut und weiter verfeinert.[159] Die Kosten der sekundären Kategorien werden schließlich mithilfe von Listen mit relevanten Kostenfaktoren und detaillierten Berechnungsverfahren ermittelt.[160] „Alle Kosten werden üblicherweise auf jährlicher Basis berechnet, d.h. es werden jene verwendet, die im Jahr als Aufwand verbucht wurden oder man nutzt die auf das Jahr umgerechnete Abschreibungslast." Mit diesem Modell sollen alle auftretenden Kosten erfasst und analysiert werden. [161]

Laut der Gartner Group werden dabei die direkten Kosten in Hardware- und Software-kosten, Operations- sowie Verwaltungskosten untergliedert. Die direkten Kosten umfassen demnach alle Aufwendungen, die zur Bereitstellung des IT-Systems entstehen. Dazu zählen die Kosten für die Anschaffung und Nutzung von Hard- und Software, Löhne und Gehälter für den Betrieb, die Aufrechterhaltung und die Verwaltung der IT-Infrastruktur sowie die Kosten für Schulungen der Mitarbeiter. Sie können anhand von Belegen aus der Buchhaltung und dem Personalwesen exakt und auf einfache Weise ermittelt werden.[162]

Die indirekten Kosten werden in die sekundären Kategorien End User Operations und Downtime untergliedert. Darunter wird der Werteverzehr verstanden, welcher „durch effizienzhemmende Vorgänge im Rahmen der Nutzung der IT-Infrastruktur entsteht."[163] Dazu zählen die Kosten für geplante oder ungeplante Ausfall von Teilen der IT-Infrastruktur (sog. Downtime), Kosten für Schulungen, Kosten der Selbsthilfe und des

---

[158] Eigene Abbildung
[159] Siehe Anhang 8.4
[160] Vgl. [Oku06], S.60
[161] Vgl. [Mau02], S.12 und [Hir05], S.111
[162] Vgl. [Oku06], S60 und [Sch071], S.5
[163] Vgl. [Sch071], S.4

Peer-to-Peer Supports (Hilfe für Kollegen), Kosten durch Software-Upgrades und Inkompatibilitäten sowie der sog. Futz-Faktor. Letzter beschreibt die private Nutzung der IT-Infrastruktur durch die Mitarbeiter. Die indirekten Kosten sind für ein Unternehmen nur schwer zu quantifizieren, da z.B. das TCO-Modell der Gartner Group keine Methodik zu deren Erhebung liefert. Empfehlungen verweisen auf die Durchführung von Umfragen und Interviews. Unternehmen neigen demnach häufig dazu, die indirekten Kosten bei einer Wirtschaftlichkeitsanalyse unberücksichtigt zu lassen.[164]

Wie eingangs im Abschnitt 4.3.3 erwähnt, stellt ein wesentlicher Kritikpunkt des TCO-Modells dessen fehlende Standardisierung und Einheitlichkeit dar. Eine einheitliche Methodik zur Ermittlung der einzelnen Kostenkategorien existiert nicht. Alle Anbieter von TCO-Modellen liefern hierzu unterschiedliche Ansätze, die noch dazu in teilweise stark abweichenden Ergebnissen münden. Eine repräsentative Vergleichbarkeit ist dadurch ebenso wenig gegeben wie die Anwendbarkeit auf eine beliebige IT-Infrastruktur. Anpassungen am TCO-Modell sind unbedingt erforderlich, um die spezifischen Charakteristika der IT-Investition gebührend zu berücksichtigen. Die viel zitierte Schwierigkeit bei der Quantifizierung des Nutzens tut ihr Übriges, um das Ergebnis einer TCO-Analyse nicht unkommentiert stehen lassen zu können. Die Ergebnisse müssen individuell und in Abhängigkeit der untersuchten Aspekte interpretiert und bewertet werden.

4.3.3.2 Vorgehensweise für die Analyse

In Anlehnung an [Mau02] und [Oku06] wird folgende Vorgehensweise für die Durchführung der Wirtschaftlichkeitsanalyse nach dem TCO-Modell zugrunde gelegt:

- Vorbereitung – es werden die Zielsetzung bestimmt, die erforderlichen Erhebungsvoraussetzungen geschaffen und das Instrumentarium festgelegt
- Analyse – sie umfasst die Datenerhebung und -erfassung, deren Auswertung und Bewertung
- Realisierung – es werden Verbesserungen konzeptioniert, vorgelegt und ggf. realisiert

Im Rahmen der Vorbereitung wird geklärt, ob eine ganzheitliche Betrachtung der TCO gemäß dem Gartner Modell vorgenommen wird oder eine Abgrenzung innerhalb der zu

---

[164] Vgl. [Sch071], S.4 und [Oku06], S.61

untersuchenden IT-Infrastruktur vorgenommen werden soll. Anschließend werden die primären und sekundären Kostenkategorien basierend auf vereinbarten Datenquellen im Kostenmodell zusammengefasst, wobei auch externe Kosten- und Leistungsbeziehungen Berücksichtigung finden müssen. Die sog. Abstraktion dient der Absprache von Annahmen und Simplifizierungen. Abschließend werden die zu verwendenden Methoden und Kalkulationsschemata, der Betrachtungszeitraum und die Einbeziehung des Futz-Faktors determiniert.

Die Analyse umfasst die Erfassung der sog. Hard Facts und Soft Facts. Zur Ermittlung der Hard Facts können Bestandsdaten und/oder Schätzungen basierend auf Standardoder Durchschnittswerten herangezogen werden, wohingegen die Soft Facts i.A. mittels Fragebogen und Interviews quantifiziert werden können. Eine anschließende Aufbereitung des Datenmaterials, die Einordnung in die entsprechenden Kosten-kategorien und deren Bewertung schließen die Analyse ab.

Die aus der Analyse hervorgegangene Bewertung führt zur Formulierung und Konzeption von Verbesserungen, die in der Phase der Realisierung durch Rentabilitätsbetrachtungen alternativ angewendet werden können.

Die Determinanten und Annahmen, welche zur Wirtschaftlichkeitsanalyse der ITInvestition der Fallstudie Verwendung finden und welche Methoden zur Datenerhebung angewendet werden, wird im folgenden Kapitel dargelegt.

4.3.3.3 Rahmenbedingungen für die Analyse

Wie bereits in Abschnitt 4.2 ausgeführt, entschied sich das untersuchte Unternehmen für die Implementierung einer VI, um neben der damit einhergehenden, kurzfristigen Kostensenkungspotenziale weitere, mittelfristige Nutzeneffekte erzielen zu können. Im Vorfeld der Wirtschaftlichkeitsanalyse dieser IT-Investition wurden Präferenzen, Rahmenbedingungen und Annahmen identifiziert, die das Spektrum und den Fokus der TCO-Betrachtung definieren.

Zunächst wird festgehalten, dass eine Abgrenzung der TCO-Betrachtung aufgrund der Spezifika und des Wirkungsradius der VI erforderlich ist, um auf diese Weise die Aussagekraft der Wirtschaftlichkeitsanalyse zu gewährleisten. Daher erfolgt eine isolierte Bewertung der TCO anhand des IT-Teilsystems VI, die zu einer alternativen IT-Investition basierend auf klassischer, physischer Serverhardware in Relation gesetzt wird. Dieser postaktive Vergleich der TCO soll das tatsächlich realisierte Kostensenkungspotenzial für die Erneuerung der Serverlandschaft durch den Wechsel auf eine präferierte VI aufzeigen. Als Betrachtungszeitraum wird das Kalenderjahr 2009 angesetzt, nicht der gesamte Lebenszyklus der VI. Die Migration auf die VI ermöglichte es der Unternehmung, in diesem Zeitraum 30 virtuelle Server einzurichten und diese erfolgreich zu betreiben (siehe Abbildung 37 im Anhang). Im TCO-Vergleich werden dem 30 physische Server gegenübergestellt, um einen nahezu identischen Output zu erreichen.

Folgende Aspekte finden beim TCO-Vergleich ihre Berücksichtigung:

- Direkte Kosten – Hardwarekosten, Lizenzkosten, Operations, Verwaltung und AfA
- Indirekte Kosten – kalkulatorischer Strom, kalkulatorische Miete, kalkulatorischer Zins und Downtime

Die Erhebung der direkten Kosten wird mittels Buchhaltungsdaten und -unterlagen realisiert. Die Abschreibung der VI erfolgt auf drei Jahre linear, für Hardware und Software, inkl. der Aktivierungskosten, innerhalb des betrachteten Zeitraums. Kosten für Operations, d.h. das umfassende Management und die Administration einzelner für die Betrachtung relevanter Server, werden mithilfe der unternehmensinternen Support-Datenbank für operative IT-Tätigkeiten ausgewertet und anschließend gemittelt, um die jährlichen Kosten eines einzelnen kalkulatorischen Servers (sowohl physisch als auch virtuell) zu erhalten. Basis hierfür ist der Stundensatz des ausführenden IT-Mitarbeiters (€ 75,-). Kosten für die Verwaltung werden direkt mit den verantwortlichen Mitarbeitern approximativ ermittelt, wobei durchschnittliche Lohn- und Lohnnebenkosten angesetzt werden (€ 45,- für Angestellte, € 60,- für leitende Angestellte).

Die Erhebung der indirekten Kosten basiert auf der Ermittlung von Kalkulationssätzen für Strom, Miete und Zins. An dieser Stelle erfährt das TCO-Modell der Gartner Group für die Fallstudie eine den Anforderungen entsprechende Modifikation, um die eben genannten evidenten Kostentreiber berücksichtigen zu können. Dabei werden zur Identifikation der Stromkosten die Leistungsdaten aller zu berücksichtigenden Endgeräte (Server, Switche, Storage, Klimageräte, USV) identifiziert und deren Verbrauch mittels vorgegebenen Faktors (€ 0,12/kWh) monetär bewertet. Zur Bestimmung der kalkulatorischen Miete wird auf die Methode der Unternehmung zurückgegriffen, welche die Miete für den Serverraum monatlich pauschal (€ 800,-) auf die IT-Abteilung umlegt. Die Höhe der kalkulatorischen Miete wird durch die Anzahl der physischen Server bestimmt. Der kalkulatorische Zins basiert auf der Höhe des jeweiligen Anlagenwerts im betrachteten Zeitraum zu einem gegebenen Zinssatz (5,5%).

Die Quantifizierung der Downtime erfolgt mittels Fragebogen und Interviews. Ihr liegt die Erkenntnis zugrunde, dass die Unternehmung aufgrund ihrer organisatorischen Strukturen einen planmäßigen wie auch unplanmäßigen Ausfall von Teilbereichen der IT-Infrastruktur auf Prozessebene kompensieren kann, z.b. können Mitarbeiter währenddessen klassischen Bürotätigkeiten (Ablage) nachgehen, und dem kein unmittelbar monetarisierbarer wirtschaftlicher Schaden gegenüber steht. Zudem erfordert der Geschäftsbetrieb der Unternehmung keinen 24-Stunden-Betrieb und planmäßige Wartungsarbeiten an der IT-Infrastruktur werden somit grundsätzlich außerhalb der Geschäfts- und Produktionszeiten gelegt. Die annuelle Downtime (geplant und ungeplant) wird in der Größenordnung von einem Prozent (1%) angesetzt.

Da die Implementierung der VI keinerlei Auswirkungen auf die Endanwender mit sich bringt, bleiben qualitative Aspekte und End User Operations, wie z.B. der Futz-Faktor, in der TCO-Betrachtung unberücksichtigt. Endgeräte sowie Drucker finden ebenfalls keine Berücksichtigung. Darüber hinaus können Lern- und Mitarbeitereffekte sowie Prozesseffekte nur approximativ berücksichtigt werden, da die Datenqualität hierfür unzureichend ist. Interdependenz- und Volatilitätseffekte bleiben ebenso wie Kundeneffekte gänzlich unberücksichtigt, da dieser spezifische Investitionsfall keine Auswirkungen auf die genannten Dimensionen mit sich führt.

Um die gewünschte Vergleichbarkeit zu einer alternativen physischen Serverlandschaft zu gewährleisten, werden Werte und Faktoren ermittelt, die die Kosten einer solchen Infrastruktur widerspiegeln. Hierzu wird auf Vergangenheitswerte aus der Buchhaltung zurückgegriffen. Alle weiteren direkten und indirekten Kosten werden auf dieselbe Art und Weise ermittelt, wie es auf der vorherigen Seite beschrieben wurde, unter Berücksichtigung der genannten Alternativinvestition. Investitionen in die Infrastruktur, z.B. Klimatisierung, Switche, USV und Racks, wurden im Jahre 2009 in einem Ausmaß getätigt, das sowohl für die Implementierung der VI als auch für eine alternative physische Serverlandschaft ausreichend dimensioniert ist. Somit sind im Vergleich zur VI keine zusätzlichen Investitionen notwendig, womit auch hier die Vergleichbarkeit der Infrastruktur gegeben bleibt. Abschließend bleibt festzuhalten, dass die Kosten für die Verwaltung in beiden Szenarien in identischer Höhe angesetzt werden.

Durch den postaktiven Charakter der TCO-Betrachtung wird der in Abschnitt 4.3.3.2 genannten Phase der Realisierung keine Beachtung geschenkt, da sie bereits vor der TCO-Betrachtung durchgeführt wird. Sollte die Auswertung weitere, zukünftige Nutzeneffekte (quantitativ oder qualitativ) durch Folgeprojekte aufzeigen, werden diese bei Bedarf separat realisiert.

Der Anhang bietet einen Überblick der für die TCO-Betrachtung ermittelten und verwendeten Werte und Faktoren.

4.3.3.4 Durchführung der Analyse

Alle während der Vorbereitungsphase gesammelten und ermittelten Daten wurden in mehreren aufeinanderfolgenden Schritten gesichtet, aufbereitet, in Relation gesetzt und ausgewertet. Dabei wurden zunächst alle direkten, leicht quantifizierbaren Kosten identifiziert und ihren jeweiligen Kostenkategorien im TCO-Modell zugewiesen. Anschließend folgte die Ermittlung aller indirekten Kosten, welche gemäß den Rahmenbedingungen eine Berücksichtigung in der Wirtschaftlichkeitsanalyse finden sollen.

Dieser Vorgang wurde sowohl für die IT-Investition in die VI durchgeführt, als auch für eine alternativ-imaginäre physische Serverlandschaft. Das Ergebnis dieser Untersuchungen sind zwei TCO-Übersichten, die zum einen die VI und zum anderen eine physische Serverlandschaft mit ihren Gesamtkosten repräsentieren.

Der im Anhang dargestellte Fragebogen wurde mit der Bitte um Bearbeitung an die IT-Verantwortlichen des Unternehmens ausgegeben. In einem anschließenden Meeting mit allen IT-Verantwortlichen wurden die einzelnen Fragen kurz besprochen, um Missverständnisse und Fehlinterpretationen in den schriftlichen Ausfertigungen zu vermeiden. Darüber hinaus wurden Emails zur zeitnahen Klärung von Fragestellungen eingesetzt.

Zur Ermittlung der kalkulatorischen Kosten für die Installation und Administration der Server wurde die unternehmensinterne IT Support-Datenbank herangezogen. Sie stellt eine Eigenentwicklung auf Basis eines MS SQL Server 2000 als Backend und einer MS Access 2003 GUI als Frontend dar. Sie wurde in Kooperation mit der Afontis nach den Vorgaben und Anforderungen der Unternehmung entwickelt. Sie ermöglicht die detaillierte Erfassung aller operativen Tätigkeiten im Rahmen des IT-Managements, gestattet eine umfassende Zuordnung der erfassten Tätigkeiten zu Support-Tickets und Projekten und bildet das Fundament für die Rechnungsstellung der Afontis an das untersuchte Unternehmen. Den erfassten Tätigkeiten werden die ausführenden IT-Mitarbeiter sowie Datum und Dauer der Ausführung zugeordnet. Die Datenbasis und -qualität schaffen die Voraussetzung, um Kosten, die durch operative Tätigkeiten entstehen, auszuwerten und in das TCO-Modell einfließen zu lassen. Die

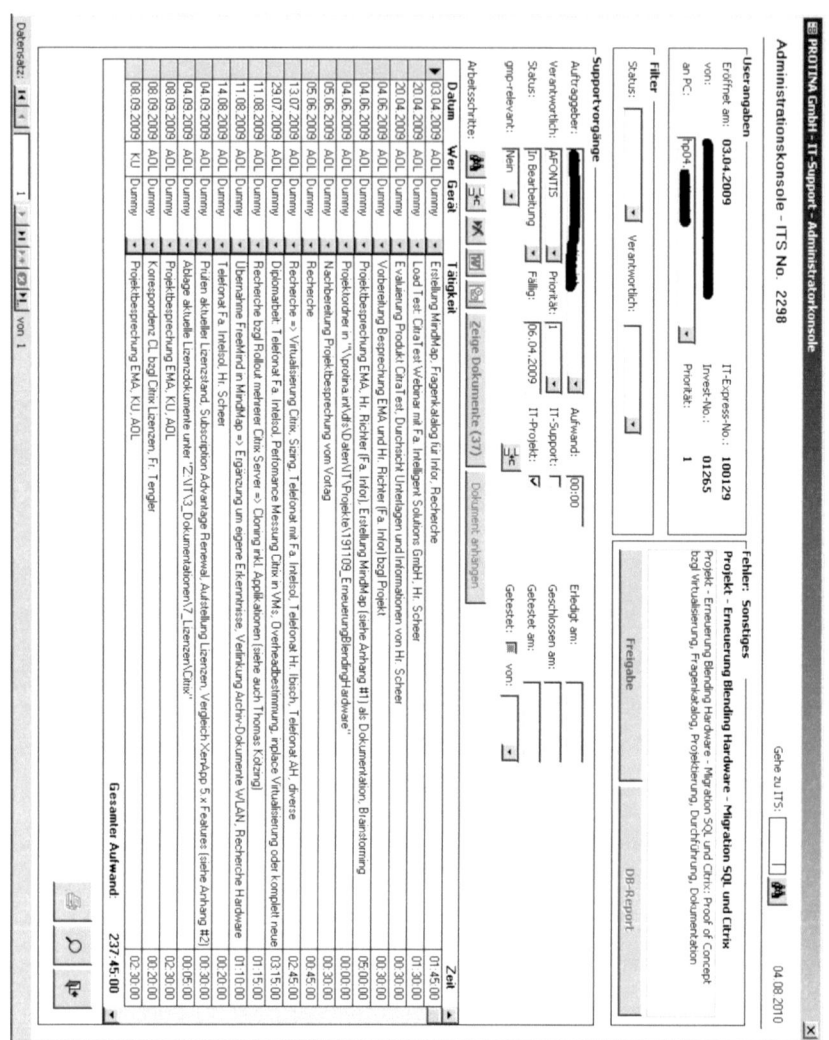

Abbildung 29 zeigt beispielhaft die Eingabemaske zur Pflege der Tätigkeiten für das Virtualisierungsprojekt innerhalb der IT-Support Datenbank.

Die ermittelten kalkulatorischen Werte, Aufstellungen und Abschreibungstabellen, welche zur Ermittlung der TCO Verwendung fanden, sind im Anhang dargestellt.

4.3.3.5 Ergebnisse der Analyse

Die unter den zuvor getroffenen Rahmenbedingungen[165] durchgeführte Wirtschaftlich-keitsanalyse der IT-Investition „Virtualisierung" kommt unter Verwendung der Metho-de nach dem TCO-Modell zu folgenden Ergebnissen:

Der Vergleich der TCO von virtueller zu physischer Serverlandschaft weist für den betrachteten Zeitraum (2009) kostentechnische Vorteile für die VI aus. Demnach fallen die Gesamtkosten einer Alternativinvestition in Form einer klassisch-physischen Serverlandschaft in Höhe von € 457.560,96 mit einer Differenz von € 180.839,44 höher aus, als die Gesamtkosten der bereits implementierten VI (€ 276.721,52). Vor diesem Hintergrund kann die Investition in eine VI bereits im direkten Vergleich mit einer Alternativinvestition als ökonomischer bezeichnet werden (siehe Abbildung 20).

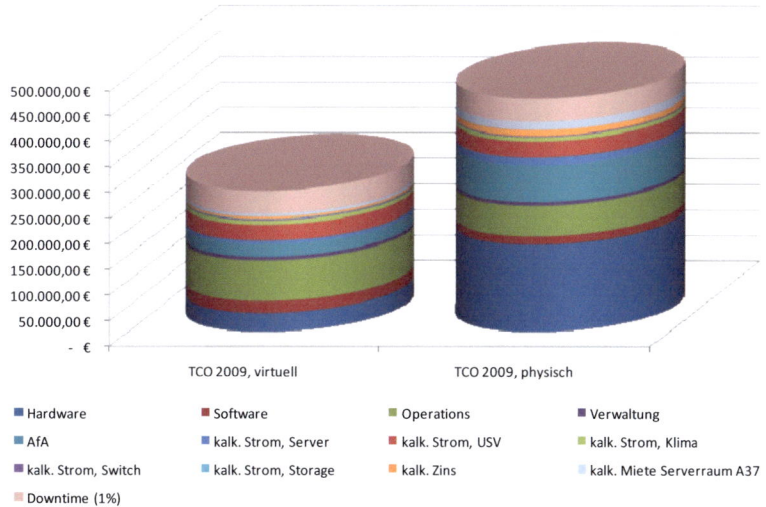

Abbildung 20 - TCO-Vergleich: VI zu physischer Infrastruktur[166]

Obwohl bei der Implementierung der VI neben dem IT-Dienstleister des untersuchten Unternehmens ein objektiver Berater und ein zusätzlicher VMware-Partner involviert waren, fällt das Ergebnis der TCO-Betrachtung zugunsten der VI aus. Dieser Mehrauf-wand in Form von Personalkosten spiegelt sich in den höheren Operations-Kosten der TCO der VI in Höhe von € 79.381,73 im Vergleich zu € 60.084,40 bei physischer Serverlandschaft wider. Der Vergleich der TCO-Zusammenstellungen (siehe Tabelle 7)

---

[165] Siehe Abschnitt 4.3.3.3
[166] Eigene Abbildung

erlaubt zudem eine Identifikation der evidenten Kostentreiber, die in Summe die hohe Differenz zu Ungunsten der physischen Serverlandschaft verantworten. Neben der vielfach höheren Anschaffungskosten für Hardware, der damit einhergehende höhere Abschreibungs-betrag und der mit der höheren Anzahl physischer Server gestiegene Strombedarf beeinflussen die Gesamtkosten der Alternativinvestition stark negativ.

Kostenkategorie	TCO 2009, virtuell	TCO 2009, physisch
Hardware	36.837,42 €	170.869,20 €
Software	23.142,89 €	16.597,50 €
Operations	79.381,37 €	60.084,40 €
Verwaltung	7.200,00 €	7.200,00 €
AfA	24.808,10 €	72.088,90 €
kalk. Strom, Server	7.041,99 €	14.895,60 €
kalk. Strom, USV	31.536,00 €	31.536,00 €
kalk. Strom, Klima	8.462,16 €	8.462,16 €
kalk. Strom, Switch	2.216,98 €	2.216,98 €
kalk. Strom, Storage	952,39 €	- €
kalk. Zins	4.093,34 €	11.894,67 €
kalk. Miete	5.688,89 €	16.355,56 €
Downtime (1%)	45.360,00 €	45.360,00 €
Summe:	276.721,52 €	457.560,96 €

Tabelle 7 - Gegenüberstellung TCO: VI zu physischer Infrastruktur

Die Tabelle 7 lässt darüber hinaus weitere Interpretationen zu:

- die Kosten für Software (d.h. Lizenzkosten) sind bei der Implementierung der VI im Vergleich zur Alternativinvestition erheblich höher. Dies liegt in den sehr hohen Lizenzkosten, die VMware, gestaffelt nach den physischen Prozessoren der Hosts, für sein Produkt ESX 3.5 verlangt, begründet. Zusätzlich wurde eine spezielle Microsoft Windows Server Lizenz (sog. Volume License) angeschafft, die eine beliebige Anzahl an Windows Server-Installationen in VMs gestattet. Auch diese ist nach physischen Prozessoren gestaffelt. Die Lizenzkosten sind somit einmalig sehr hoch, fallen aber bei Folgeinstallationen nicht mehr an[167]

- die identisch hohen Kosten bei kalkulatorischem Strom für USV, Klimageräte und Switche liegen in der ausreichend dimensionierten Infrastruktur begründet[168]

- der kalkulatorische Zins spiegelt die Höhe des annuellen Abschreibungsbetrags wider, welcher bei einer physischen Serverlandschaft aufgrund der höheren Anschaffungskosten höher ausfällt

- die kalkulatorische Miete orientiert sich unmittelbar an der Anzahl der tatsächlich im Serverraum vorhandenen physischen Server, welche mit 46 im Vergleich zu 16 bei der VI entsprechend hoch ausfällt

Die im Rahmen der Analysephase gesammelten und ausgewerteten Daten zeigen darüber hinaus, dass sich die Gesamtkosten für die Installation, den Betrieb und die Administration/Wartung eines einzelnen virtuellen bzw. physischen Servers für den Betrachtungszeitraum von einem Jahr erheblich voneinander unterscheiden. Die Abbildung 21 illustriert beispielhaft, wie sich die Kostenstruktur für bis zu zehn Server im direkten Kostenvergleich entwickelt (siehe Tabelle 8).

---

[167] Siehe Abschnitt 4.4.1
[168] Siehe Abschnitt 4.3.3.3

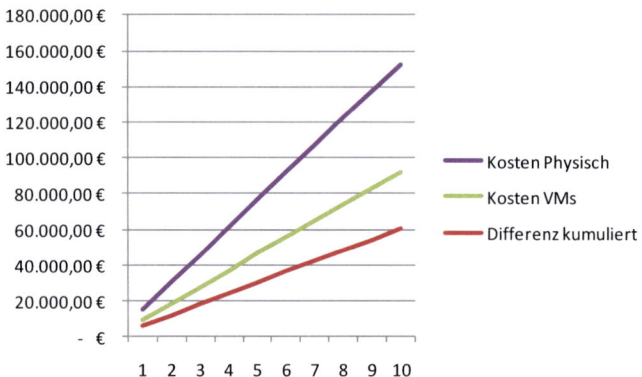

Abbildung 21 - kumulierter Kostenverlauf: VM zu physischen Servern[169]

Anzahl	Differenz kumuliert	Kosten VMs	Kosten Physisch
1	6.027,98 €	9.224,05 €	15.252,03 €
2	12.055,96 €	18.448,10 €	30.504,06 €
3	18.083,94 €	27.672,15 €	45.756,10 €
4	24.111,93 €	36.896,20 €	61.008,13 €
5	30.139,91 €	46.120,25 €	76.260,16 €
6	36.167,89 €	55.344,30 €	91.512,19 €
7	42.195,87 €	64.568,36 €	106.764,22 €
8	48.223,85 €	73.792,41 €	122.016,26 €
9	54.251,83 €	83.016,46 €	137.268,29 €
10	60.279,81 €	92.240,51 €	152.520,32 €

Tabelle 8 - kumulierter Kostenverlauf: VM zu physischen Servern[170]

---

[169] Eigene Abbildung
[170] Eigene Tabelle

Aus den ermittelten Daten lassen sich weitere Erkenntnisse ableiten, die u.a. das Kostensenkungspotenzial hinsichtlich des Stromverbrauchs andeuten. In der TCO-Betrachtung
wurde kalkulatorisch der Stromverbrauch der Gerätekategorien Server, USV, Klimageräte,
Storage und Switche ermittelt und gegenübergestellt. Die so ermittelten Werte lassen eine
zukunftsorientierte Betrachtung des Stromverbrauchs zu, wenn der Ausbau der VI fortge-
setzt und die Migration noch existierender physischer Server in VMs konsequent fortgetrie-
ben wird (siehe Abbildung 22 respektive Tabelle 9).

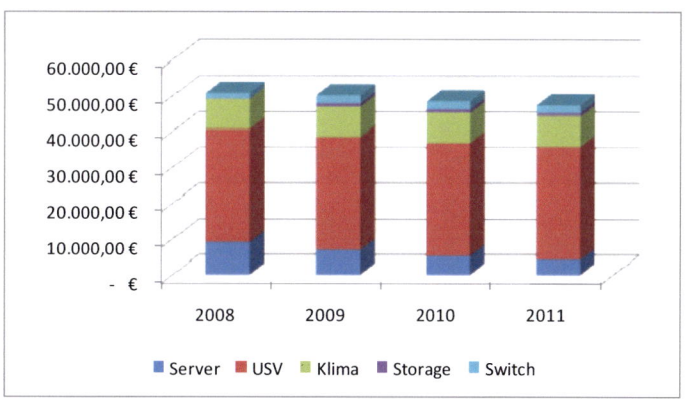

Abbildung 22 - Kostenverlauf des Stromverbrauchs[171]

Kategorie	2008	2009	2010	2011
Verhältnis P/V[172]	27 / 0	16 / 30	13 / 33	10 / 36
Server	9.181,18 €	7.041,99 €	5.381,09 €	4.348,81 €
USV	31.536,00 €	31.536,00 €	31.536,00 €	31.536,00 €
Klima	8.462,16 €	8.462,16 €	8.462,16 €	8.462,16 €
Storage	- €	952,39 €	952,39 €	952,39 €
Switch	1.634,62 €	2.216,98 €	2.216,98 €	2.216,98 €
Summe:	**52.821,96 €**	**52.218,52 €**	**50.558,62 €**	**49.527,34 €**

Tabelle 9 - Kostenverlauf des Stromverbrauchs[173]

---

[171] Eigene Abbildung
[172] Verhältnis physischer zu virtueller Server
[173] Eigene Tabelle

Aus diesen Daten ist ersichtlich, dass sinkende Stromkosten mit sinkender Anzahl physischer Server einhergehen. In dieser Darstellung sind zudem v.a. USV und Klimageräte für einen Großteil der Stromkosten verantwortlich. Kann die Anzahl physischer Server auf ein Maß reduziert werden, welches die Anschaffung kleiner dimensionierter Klimageräte zulässt, können weitere Stromkosten eingespart werden. Die aus der Motivation des Unternehmens abgeleiteten Ziele wurden wie folgt erreicht:

Zielkategorie	Zielbeschreibung	
Technologische Ziele:	• Hardwareseitige Erneuerung der Serverlandschaft	✔
	• Erhalt von Legacy-Systemen	✔
	• Beseitigung historischer Altlasten	✔
	• Steigerung des Grads der Ressourcennutzung bei den sog. Major System Components[174]	✔
	• Erhöhung der Flexibilität der IT-Infrastruktur	✔
	• Erhöhung der Verfügbarkeit der IT-Infrastruktur	-
	• Erhöhung der Leistungsfähigkeit der IT-Infrastruktur	✔
	• Erhöhung der Skalierbarkeit der IT-Infrastruktur	✔
Ökonomische Ziele:	• Kostensenkung durch Steigerung der operativen Effizienz	✔
	• Vereinfachtes, zentrales Management der IT-Infrastruktur	✔
	• Ersparnisse bei der Anschaffung von Hardware und Software für die Implementierung neuer Systeme	✔
	• Senkung der allgemeinen Betriebskosten der IT-Infrastruktur	✔
Ökologische Ziele:	• Senkung des Stromverbrauchs für Serverhardware und Klimageräte	✔
	• Senkung der Anzahl zu entsorgender Altgeräte	✔

Tabelle 10 - Zielerreichung des untersuchten Unternehmens nach Kategorien

---

[174] Storage Disk I/O, Speichernutzung, Prozessorauslastung, Netzwerkauslastung

Die Tabelle 10 auf der vorherigen Seite illustriert, welche der in Abschnitt 4.2 identifizierten Ziele der Unternehmung durch die Implementierung der VI erreicht wurden. Dabei bleibt der Grad der Zielerreichung unberücksichtigt, da er nicht Untersuchungsgegenstand dieser Arbeit ist. Der Fokus der Untersuchung lag auf den ökonomischen Zielen, d.h. der Wirtschaftlichkeit der IT-Investition, da diese unmittelbare Kostenersparnisse repräsentieren und mit dem Modell der TCO zu quantifizieren waren. Aus der Tabelle wird ersichtlich, dass alle ökonomischen und fast alle restlichen Ziele erreicht werden konnten. Lediglich die Erhöhung der Verfügbarkeit konnte nicht erfüllt werden, da die Optimierung der VI und die gezielte Ausrichtung der IT-Infrastruktur hin zu einem höheren Grad der Verfügbarkeit Folgeinvestitionen nach sich zieht, die derzeit identifiziert und analysiert werden.

Abschließend kann festgehalten werden, dass die in der Literatur getroffenen und eingangs erwähnten Aussagen zu den Kostensenkungspotenzialen beim Einsatz einer VI zutreffend sind und sich in der hier vorgenommenen Analyse widerspiegeln.[175]

4.3.4 Weitere Wirtschaftlichkeitskennzahlen

In der Wissenschaftsliteratur finden sich neben dem kostenorientierten Modell der TCO weitere Methoden zur Wirtschaftlichkeitsanalyse, die im Kontext einer IT-Investition mehr oder minder geeignet und deren Ergebnisse schwankend aussagekräftig sind.[176] Beliebte und akzeptierte Methoden neben der TCO stellen der ROI und die PBP (Amortisationsdauer) dar.

Der ROI „ist eine finanzwirtschaftliche Kennzahl, die eine Messgröße des Unternehmenserfolgs … [z.B. Gewinn] in Relation zum eingesetzten Kapital setzt."[177] Im Kontext einer IT-Investition wird häufig vom ‚schnellen ROI' gesprochen und wird im Sinne einer Gewinnschwelle oder Amortisationsrechnung interpretiert. Der ROI einer IT-Investition lässt sich mittels Daten, die durch eine vorangegangene TCO-Analyse zur Verfügung gestellt werden, auf einfache Art und Weise ermitteln. Dabei ist zu beachten, dass der ROI eine dimensionslose Kennzahl ist und weder eine zeitliche noch eine monetäre Größe darstellt. Er wird i.d.R. als Prozentzahl angegeben.[178] Nachteilig ist,

---

[175] Eine detaillierte Zusammensetzung der einzelnen TCO-Betrachtungen befindet sich im Anhang.
[176] Siehe Abschnitt 3.4
[177] Quelle: [Hir05], S.30
[178] Vgl. [Hir05], S.30

dass die Nutzungsdauer der IT-Investition bei der ROI-Betrachtung unberücksichtigt bleibt.

$$ROI = \frac{G}{I}$$

Stellt man die TCO-Ergebnisse aus Abschnitt 4.3.3.5 einander gegenüber, so lässt sich der Nutzen der VI gegenüber der Alternativinvestition (bestehend aus physischen Servern) per Differenzbildung ermitteln und als ‚Gewinn' in die ROI-Formel einsetzen. Das eingesetzte Kapital I entspricht dabei der TCO der VI (TCO_v):

$$G = TCO_p - TCO_v$$

$$ROI = \frac{TCO_p - TCO_v}{TCO_v}$$

$$ROI = \frac{457.560,96 - 276.721,52}{276.721,52} = 65,35\%$$

Der ROI findet häufig Verwendung als relativer ROI bei der Bewertung von Investitionsalternativen, um die wirtschaftlichere Investition im Vorfeld der Investitionstätigung identifizieren zu können.

Des Weiteren kann mit den Werten aus der TCO-Analyse die Amortisationsdauer (PBP) ermittelt werden. Die Amortisationsdauer „gibt den Zeitraum an, der erforderlich ist, um die Investitionsausgabe durch die Rückflüsse [R] wiederzugewinnen."[179]

$$PBP = \frac{I_0}{R}$$

Auf den Betrachtungszeitraum reduziert entsprechen die Rückflüsse dem zuvor ermittelten ‚Gewinn', welcher zum eingesetzten Kapital in Relation gesetzt wird. Das Ergebnis der Amortisationsrechnung wird in Tagen angegeben:

$$PBP = \frac{TCO_v}{G} \times 365$$

$$PBP = \frac{276.721,52}{180.839,44} \times 365 \approx 559$$

---

[179] Quelle: [Hir05], S.35

Das Ergebnis impliziert, dass sich die Investition in eine VI unter der Annahme einer Nutzungsdauer von einem Jahr in 559 Tagen amortisiert. Diese Annahme ist unrealistisch und das Ergebnis nicht verwertbar. Wird die Nutzungsdauer auf die tatsächlichen drei Jahre ausgeweitet, gilt das Ergebnis nur unter der Annahme von konstantem Kapitaleinsatz und konstanten Rückflüssen. Da der Kapitaleinsatz ebenso wie die Rückflüsse während der Nutzungsdauer schwanken, muss für eine aussagekräftige Amortisationsrechnung auf ein Kumulationsverfahren mit linearer Interpolation zurückgegriffen werden:[180]

$$T_A = T_S + \frac{\sum_{t=0}^{T_s}(R_t - I_t)}{\sum_{t=0}^{T_s}(R_t - I_t) - \sum_{t=0}^{T_s+1}(R_t - I_t)}$$

Dies setzt voraus, dass der Kapitaleinsatz sowie die Rückflüsse, welche dem Saldo aus Ein- und Auszahlungen entsprechen, zu diskreten Zeitpunkten bekannt sind und die Amortisationsdauer in einem sukzessiven Rechenverfahren (dem sog. Kumulationsverfahren) ermittelt werden kann. Da die erforderlichen Werte für dieses Verfahren zur Bestimmung der Amortisationsdauer nicht antizipiert werden können, kann kein aussagekräftiges Ergebnis für die Implementierung der VI mittels dieser Methode ermittelt werden.

4.4 Analyse der Potentiale

Um den Wirtschaftlichkeitsgrad der VI für das untersuchte Unternehmen zu steigern, sollen in diesem Abschnitt weitere Potenziale und Nutzungsmöglichkeiten, die sich mit einer VI bieten, in prägnanter Form aufgezeigt werden.

4.4.1 Virtualisierung ERP

Wie bereits im Abschnitt 4.2 analysiert, verfolgte das Unternehmen mit der Implementierung einer VI u.a. das Ziel, den Grad der Ressourcennutzung und die Flexibilität der IT-Infrastruktur zu erhöhen und gleichzeitig die IT- und operativen Kosten für Folgeprojekte zu minimieren. Dieser vordergründige Widerspruch wird aktuell mit der Virtualisierung des beim untersuchten Unternehmen eingesetzten ERP-Systems widerlegt und bestätigt wiederholt das Kostensenkungspotenzial der VI.

---

[180] Vgl. [Hir05], S.36

Die Hardware des ERP-Systems, welches auf einem klassischen Backend-Frontend-Konstrukt basiert, steht am Ende seines Lebenszyklus und bedarf einer Erneuerung. Das Backend der ERP-Applikation wird von einem MS SQL Server 2000 SP3 auf einem MS Windows Server 2003 SP2 System gebildet, welches die ERP-Datenbank vorhält. Die Zugriffe auf diese Datenbank erfolgen per Frontend-GUI, welche den Anwendern über eine Citrix Presentation Server 4.0-Farm, bestehend aus drei MS Windows Server 2003 SP2 Systemen, bereitgestellt wird. Über den in Abschnitt 2.3.2 geschilderten Mechanismus der Applikationsvirtualisierung können Anwender von jedem Arbeitsplatz auf das ERP-System zugreifen.

Die Konzeptionierung der ERP-Migration sieht vor, dass der Datenbankserver auf aktuelle physische Hardware migriert wird, wohingegen die Citrix-Server in die VI migriert werden sollen. Eine vorangegangene Machbarkeitsanalyse und Pilotphase bestätigten eine funktionierende Konstellation physischer und virtueller Server für den erfolgreichen Einsatz des ERP-Systems. Wird die TCO-Analyse cet. par. unter Einbeziehung dieses Projekts für das Jahr 2010 angestellt, erhöht sich der Grad der Wirtschaftlichkeit für die VI zusätzlich.

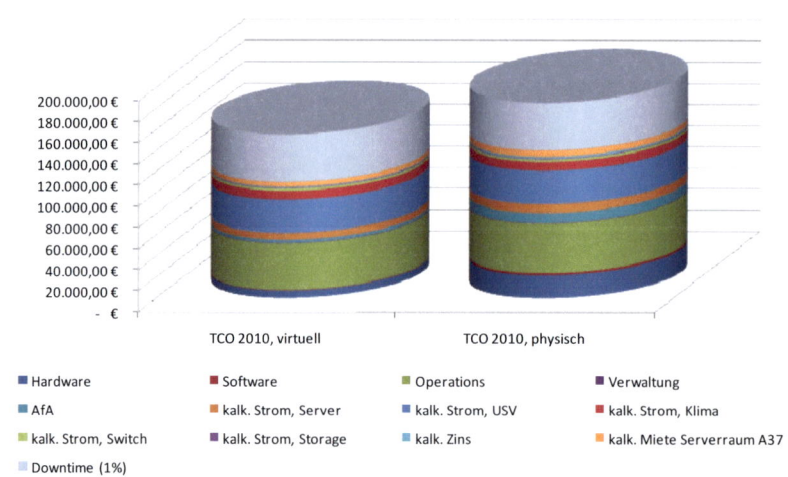

Abbildung 23 - TCO-Vergleich ERP-System: VI zu physischer Infrastruktur[181]

---

[181] Eigene Abbildung

86

Die Abbildung 23 und die Tabelle 11 zeigen, dass im betrachteten Zeitraum (2010) die Gesamtkosten für das angestrebte Projekt um € 29.976,25 niedriger ausfallen als die Gesamtkosten der alternativen Erneuerung aller mit dem ERP-System involvierten Server auf physische Hardware. Diese Untersuchung zeigt, dass der Grad der Wirtschaftlichkeit mit zunehmender VM-Dichte steigt. Zudem führt diese zu einer effizienteren Ausnutzung der reichlich zur Verfügung stehenden Ressourcen.[182] Das schnelle und flexible Bereitstellen zusätzlicher VMs über die Funktionalität der Templates, der Wegfall zusätzlicher Lizenzkosten, niedrigere annuelle Administrations-kosten und die höhere Verfügbarkeit der VMs unterstreichen die höhere Wirtschaft-lichkeit der VI gegenüber einer klassisch-physischen Infrastruktur.

Kostenkategorie	TCO 2010, virtuell	TCO 2010, physisch
Hardware	7.445,00 €	22.250,00 €
Software	555,00 €	2.220,00 €
Operations	44.309,51 €	46.893,23 €
Verwaltung	480,00 €	480,00 €
AfA	2.986,67 €	9.436,67 €
kalk. Strom, Server	6.454,72 €	8.440,79 €
kalk. Strom, USV	31.536,00 €	31.536,00 €
kalk. Strom, Klima	8.462,16 €	8.462,16 €
kalk. Strom, Switch	2.216,98 €	2.216,98 €
kalk. Strom, Storage	952,39 €	952,39 €
kalk. Zins	492,80 €	1.557,05 €
kalk. Miete Serverraum A37	4.622,22 €	6.044,44 €
Downtime (1%)	45.360,00 €	45.360,00 €
Summe	**155.873,45 €**	**185.849,70 €**

Tabelle 11 - TCO-Vergleich ERP-System: VI zu physischer Infrastruktur[183]

---

[182] Vgl. Tabelle 5
[183] Eigene Tabelle

4.4.2 Virtual Desktop Infrastructure

Wie die Auswertung der Fragenbogen bereits andeutet, ist sich das untersuchte Unternehmen der Möglichkeiten der implementieren VI bewusst und kann sich eine zukünftige Umstellung aller physischen Clients auf VMs im Rahmen einer Virtual Desktop Infrastructure (VDI)[184] vorstellen. Im Folgenden werden einige Vorteile und Nachteile einer VDI aufgezeigt.

Die Verwaltung von Desktop-Computern ist zeit- und kostenintensiv, v.a. in heterogenen und wenig geschützten Arbeitsumgebungen. Letzteres führt häufig aufgrund nicht vorhandener oder nur unzureichend implementierter Sicherheits- und Berechtigungsstufen zu inkonsistenten oder instabilen Endgeräten. Das Lifecycle-Management der Clients, welches u.a. die Installation, Administration und die kontinuierliche Versorgung mit Updates umfasst, sowie der Help-Desk für die Anwender verursachen enorme indirekte Kosten. Der Wechsel auf Thin-Client-Geräte als PC-Ersatzstrategie geht aufgrund der begrenzten Leistung und Skalierbarkeit mit inakzeptablen Einschränkungen für den Anwender einher. Eine VDI-Lösung dagegen ermöglicht die Zentralisierung der kompletten, personalisierten Desktop-Umgebung eines Anwenders, so dass diese effizient von einer zentralen Stelle ausgeführt, aufgerufen, verwaltet und geschützt werden kann.

Durch die Implementierung einer VDI können die IT-Mitarbeiten von zeitintensiven Support- und Verwaltungsaufgaben am Client entlastet werden, um deren wertvolle Ressourcen für strategische IT-Aufgaben einsetzen zu können. Mit der Fokussierung auf strategische IT-Aufgaben kann die Effizienz der gesamten IT-Infrastruktur und folglich die Effizienz des Anwenders gesteigert werden.

Bei der Implementierung einer VDI sollte im Rahmen einer umfassenden Projektierung darauf geachtet werden, dass Synergien durch die Kombination bereits im Unternehmen vorhandener Virtualisierungstechnologien genutzt werden können. Die Kooperation von VDI und der Applikationsvirtualisierung ermöglicht einen hohen Grad an Flexibilität bei der Provision benutzerspezifischer Desktop-Umgebungen.

Zu den genannten Vorteilen einer VDI gesellen sich auch Nachteile, die bei der Planung einer VDI Berücksichtigung finden müssen. Neben internen Widerständen seitens der

---

[184] Siehe Abschnitt 2.3.2

Anwender können technologische Aspekte negative Auswirkungen auf die Stabilität und Verfügbarkeit einer VDI ausüben. Die IT-Infrastruktur muss den höheren Bandbreitenanforderungen gewachsen sein, um die Leistungsfähigkeit und das Benutzererlebnis nicht negativ zu beeinflussen. Das Offline-Arbeiten ist nicht mit jedem Produkt, der Einsatz multimedia-intensiver Applikation nur eingeschränkt möglich. Die Anbindung von Home Office Arbeitsplätzen erfordert hohe Investitionen in die IT-Infrastruktur

Im Vorfeld der Implementierung einer VDI muss eine fundierte Evaluierung aller Endbenutzer-Anforderungen und ein Abgleich aller auf dem Markt existierender VDI-Technologien durchgeführt werden, z.B. Citrix XenDesktop oder VMware View. VDI besteht aus vielen dynamischen Komponenten, die alle harmonisch und dynamisch kooperieren müssen Die aus der Servervirtualisierung bekannten Vorteile können mittels VDI auf die Desktop-Umgebung übertragen werden. Im besten Fall ermöglicht die VDI dem Anwender einen flexiblen Zugriff auf seine Desktop-Umgebung unabhängig von Ort und Endgerät. Die Effizient des Unternehmens und die Produktivität der Anwender steigt.

5 Summary

Die moderne IT wird nicht mehr ausschließlich als Werkzeug zur Unterstützung unternehmensinterner Prozesse eingesetzt, sondern erfährt zusehends Beachtung als Erfüllungsgehilfe zur Erreichung strategischer Unternehmensziele. Zur gleichen Zeit sehen sich die Unternehmen aber einem erhöhten Kostendruck gegenüber, welcher einschneidende Kapitalrestriktionen mit sich bringt und demzufolge eine Effizienzsteigerung bei der Wirtschaftlichkeit der eingesetzten Betriebsmittel postuliert. Mithilfe von Wirtschaftlichkeitsanalysen sollen die Kosten- und Nutzenaspekte der IT oder einer IT-Investition prognostiziert, antizipiert oder kontrolliert werden. In der Praxis mangelt es den existierenden Verfahren zur Wirtschaftlichkeitsanalyse hingegen an fundierten methodischen Vorgehensweisen. Ein weiteres Defizit stellen gravierende Probleme bei der Quantifizierung der Nutzenaspekte dar.

Ziel der Arbeit ist es, neben dem Themenkomplex „Virtualisierung" die „Herausforderungen von Wirtschaftlichkeitsanalysen" zu vermitteln, die Defizite der klassischen formal-rationalen Modelle aufzuzeigen und die Wahl eines situationsabhängigen Modells anhand eines Entscheidungsrasters, welches die qualitativen, quantitativen und peripheren Aspekte einer Methode berücksichtigt, zu ermöglichen. Die durchgeführte Recherche der wissenschaftlichen Literatur zeigt, dass die Herausforderungen von Wirtschaftlichkeitsanalysen fast ausschließlich in der inadäquaten Identifikation und Quantifizierung der Nutzeneffekte begründet liegen. Allen verfügbaren Methoden ist gemein, dass sie in spezifischen Bereichen gut geeignet sind, in anderen Bereichen jedoch Defizite und Probleme erkennen lassen. Keine Methodik erfüllt alle Anforderungen an die Wirtschaftlichkeitsanalyse einer IT-Investition.

Die Fallstudie ermöglicht die Evaluierung der Wirtschaftlichkeit mittels einer spezifischen IT-Investition, die sich als Implementierung einer virtualisierten Infrastruktur darstellt. Anhand der identifizierten Charakteristika der IT-Investition und des Entscheidungsrasters zur Methodenwahl aus der wissenschaftlichen Literatur wird die notwendige Transparenz geschaffen, um eine erfolgreiche Wirtschaftlichkeitsanalyse durch Kombination mehrerer Methoden oder der Wahl einer singulären Methode zu gewährleisten. Während letztere die Fokussierung auf spezifische wirtschaftliche Effekte einer IT-Investition gestatten, bietet die Kombination mehrerer Methoden die Berücksichtigung möglichst vieler wirtschaftlicher Effekte.

Das Ergebnis der Fallstudie lässt Rückschlüsse auf den Grad der Wirtschaftlichkeit einer virtualisierten Infrastruktur zu. Je nach Fokussierung können unterschiedliche Ergebnisse zu Tage treten, die der Interpretation und Bewertung bedürfen. Die Wirtschaftlichkeitsanalyse zeigt, dass das untersuchte Unternehmen mit der Implementierung einer VI ihrem primären Ziel der Kostensenkung näher gekommen ist und bei konsequenter Verfolgung dieser Strategie weitere Ersparnisse im IT-Management erzielen kann. Unter Berücksichtigung aller Vorteile, Nachteile und Risiken, die der Betrieb einer VI mit sich bringt, kann die Unternehmung das volle Potenzial der VI ausschöpfen. Durch die Abkopplung der gesamten Software-Umgebung von der zugrunde liegenden Hardwareinfrastruktur ermöglicht die VI die Aggregation mehrerer Server, Speicherinfrastrukturen und Netzwerke in gemeinsam genutzte Ressourcen-Pools. Diese können dynamisch, sicher, zuverlässig und bedarfsorientiert für Anwendungen zur Verfügung gestellt werden. Dieser Paradigmenwechsel im Rechenzentrum, ermöglicht durch das Konzept der VI, kann im besten Fall zur Entstehung einer IT-Infrastruktur beitragen, die durch

- einen hohen Nutzungsgrad,
- einen hohen Automatisierungsgrad,
- hohe Verfügbarkeit und
- hohe Flexibilität

gekennzeichnet ist. Die Nachteile der bisherigen Client-Server-Architektur können erfolgreich eliminiert und durch die Vorteile einer VI abgelöst werden.

6 Glossar

Begriff	Erläuterung
Amortisation	Die Amortisationsdauer gibt den Zeitraum an, der erforderlich ist, um die Investitionsausgabe durch die Rückflüsse wiederzugewinnen.
API	Eine API stellt die Schnittstelle zur Anwendungsprogrammierung dar.
Bare-Metal Virtualisierung	Das Virtualisierungsprodukt wird direkt als Virtualisierungslayer (VMM) auf der Hardware installiert. Es entspricht somit dem Host-Betriebssystem.
Binomische Bäume	Die Binomischen Bäume stellen numerische Modelle der Optionspreistheorie dar. Sie dienen der approximativen Ermittlung von Wertentwicklungen auf Basis stochastischer Prozesse.
BSC	Die Balanced Scorecard stellt ein Kennzahlensystem dar und wurde primär als strategisches Steuerungsinstrument entwickelt, um die Unternehmensleistung ganzheitlich abzubilden.
CBA	Die Nutzen-Kosten-Analyse bezeichnet eine Auflistung monetärer Kosten- und Nutzenbeträge einer IT-Investition, deren Wirtschaftlichkeit über den Kapitalwert bestimmt wird.
COCOMO	Dieses Modell stellt ein parametrisiertes Schätzverfahren zur Kostenabschätzung eines IT-Projekts dar.
DRS	VMware DRS sorgt für einen dynamischen Ausgleich der Computing-Kapazitäten für Hardware-Ressourcen.
Function Point	Sie stellt ein analytisches Schätzverfahren zur Aufwandschätzung von IT-Projekten.
Gast	Die VM, welche auf einem VMM ausgeführt wird.
Gast OS	Das in einer Gast-VM ausgeführte Betriebssystem.
Gastsystem	Synonym für "Gast".
HA	VMware HA bietet Hochverfügbarkeit für VMs.
Host	Das Wirtssystem, auf welchem der VMM platziert wird.
Host OS	Das auf einem Wirtssystem ausgeführte Betriebssystem.

Hypercall	Eine im Bereich der Paravirtualisierung an den Hypervisor gerichtete privilegierte Instruktion.
Hyper-V	Der Hypervisor von Microsoft.
Hypervisor	Der Hypervisor besteht neben dem VMM aus Software zum Booten und host-spezifischen Treibern für den Zugriff auf dessen Hardware.
IRR	Bezeichnet den Zinssatz, bei dem der Kapitalwert einer Investition gleich Null ist.
IT-Investition	In Anlehnung an [Lüc91] umfasst die Definition des Begriffs seinen multidimensionalen Charakter hinsichtlich diverser Interessensgruppen, der Prozesslandschaft und der Organisationsstruktur des Unternehmens sowie der qualitativen und quantitative Effekte. Die sog. wirkungsorientierte Definition berücksichtigt neben den quantitativen wirtschaftlichen Eingangsgrößen auch die Gesamtheit der wirtschaftlichen Wirkungen einer IT-Investition.
KPI	Sie entsprechen der Gesamtheit an Aspekten, die für den wirtschaftlichen Erfolg eines Unternehmens maßgeblich sind.
NPV	Er bildet die Summe aus diskontierten Ein- und Auszahlungen einer IT-Investition über den Nutzungszeitraum.
Rentabilität	Vereinfacht: der Quotient aus Input und Output.
ROI	Der Return On Investment repräsentiert eine Rentabilitätskennzahl, die eine Messgröße des Unternehmenserfolgs in Relation zum eingesetzten Kapital setzt.
SBC	Die Terminal-Server-basierte Bereitstellung von Applikationen und/oder Desktops.
VI Client	Die GUI für das Management einer VMware VI.
VMM	Ein VMM (Virtual Machine Monitor) stellt eine Verwaltungsinstanz für virtuelle Maschinen (VM) dar, die bei der Virtualisierung auf Systemebene zwischen deem Hostbetriebssystem und den Gästen liegt. Synonym wird auch der Begriff "Hypervisor" verwendet. Der VMM übernimmt zum einen die Verwaltung der Gastsysteme und stellt diesen v.a. eine virtuelle Architektur zur Verfügung.
VMotion	VMware VMotion ermöglicht die Migration virtueller Maschinen von einem physischen Server auf einen anderen ohne Ausfallzeit.
Wirtsystem	Synonym für "Host".

7 Anhang

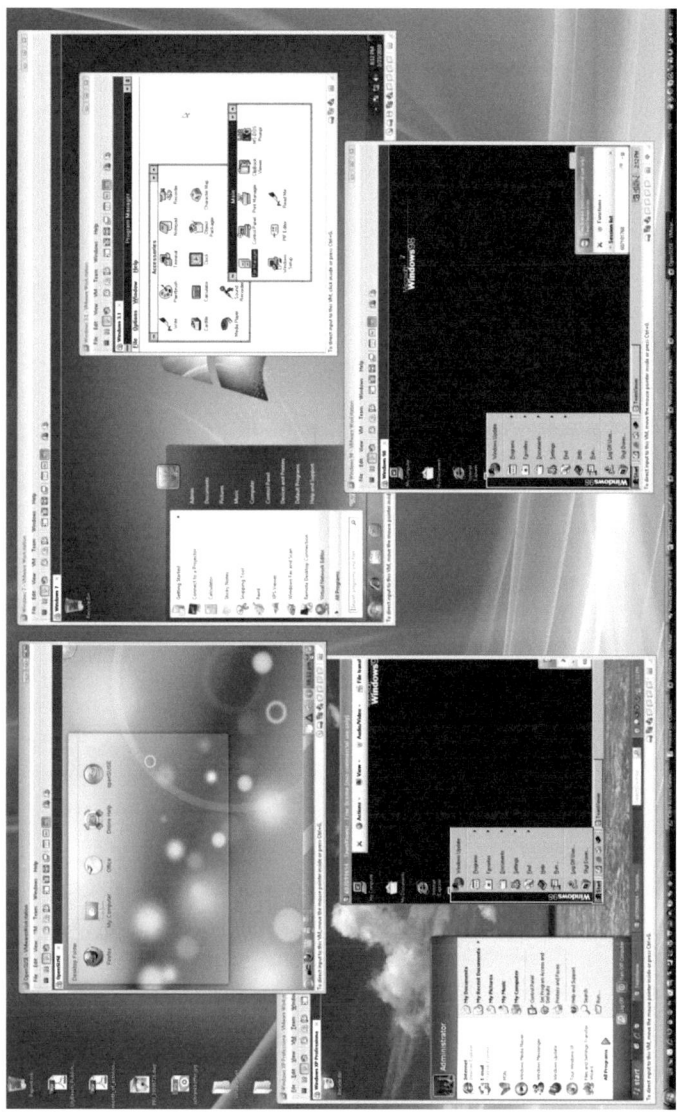

Abbildung 24 - Vielfältige Einsatzmöglichkeiten durch Virtualisierung auf dem Desktop[185]

---

[185] Eigene Abbildung: Windows 7 Desktop inkl. VMs (Suse Linux 9.0, Windows XP Professional, Windows Vista Business, Windows 98, Windows for Workgroups 3.11)

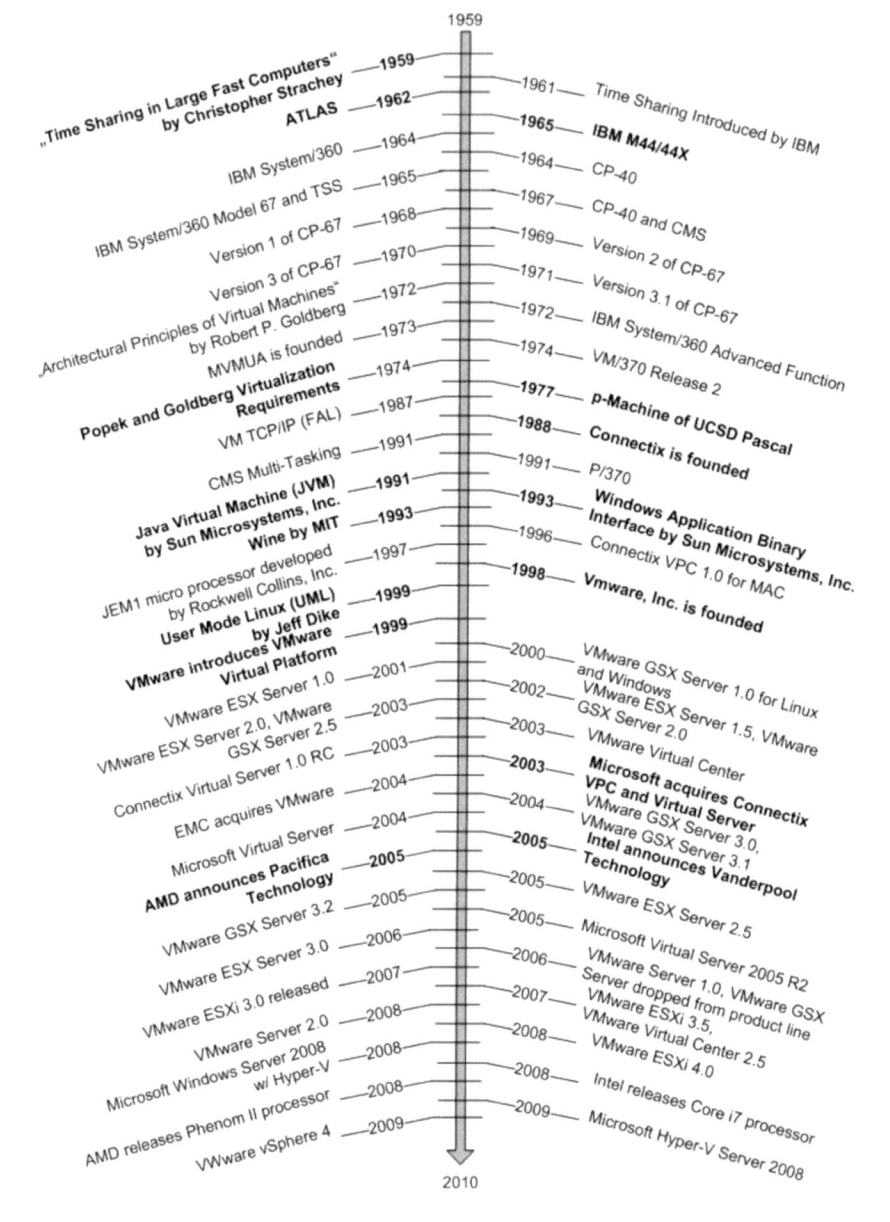

Abbildung 25 - Zeitstrahl Virtualisierung[186]

---

[186] Eigene Abbildung

Kosten von IT-Diensten und -Systemen

einmalig anfallende Kosten

AK und/oder HK

Anschaffungsnebenkosten
- Transaktionskosten (Marktstudien, Briefing, etc.)

Personalkosten
- Lohn- und Lohnnebenkosten (für Planung und Implementierung)
- Personalrekrutierungs- und Personalfreisetzungskosten
- projektbezogene Trainings- und Qualifizierungskosten

Installations- und Implementierungskosten
- Kosten für Datenbereitstellung, Dokumentation, Test- und Parallelläufe
- Raum- und Infrastrukturkosten (Umbaumaßnahmen, Aus- und Aufbau von Netz- und Energieinfrastruktur)
- Kosten für Transport, Mobiliar und technische Einrichtungen

Kosten für externe Dienstleistungen
- z.B. Beratung und Programmierung

Umweltschutzkosten / sonstige
- Kosten für Systemausfall und anfänglichen Produktivitätseinbußen

periodisch anfallende

Hard- und Softwarekosten
- Miete, Lizenz-, Leasing- und monatliche Bereitsstellungsgebühren

Personalkosten
- Administrationskosten (laufender Betrieb)
- Qualifizierungskosten (Folgeschulungen)

Kosten für Datenschutz und -sicherheit
- Updates, Versicherungsprämien
- Verteilungskosten (u.a. für Updates)

Wartungs-, Pflege-, Anpassungskosten

Raumkosten
- Miete, Pacht
- Instandhaltungskosten

Netz-/Netzwerkkosten
- Leitungs- und Übertragungskosten

Kosten für externe Dienstleistungen
- Kapitalbindungskosten

Sonstige
- Verbrauchsmaterial- und Energiekosten

Abbildung 26 - Kosten von IT-Diensten und -Systemen[187]

---

[187] Quelle: [Sch08], S.12

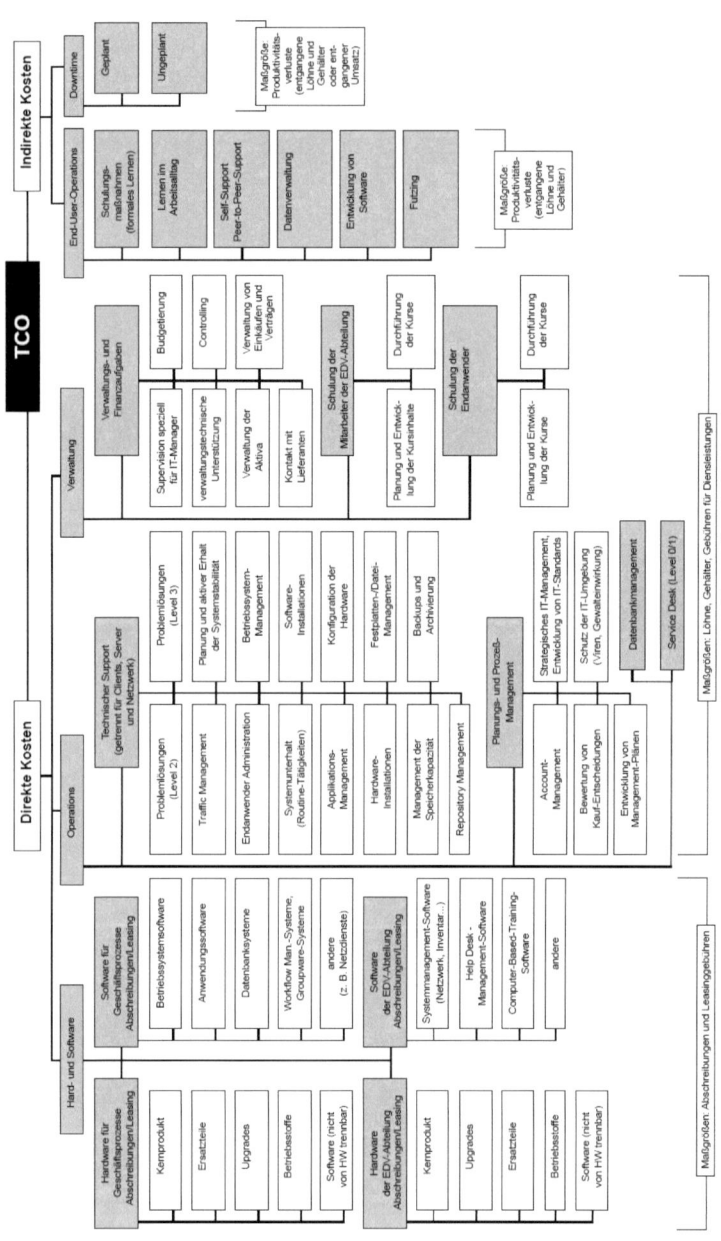

Abbildung 27 - Direkte und indirekte Kosten im TCO-Modell der Gartner-Group[188]

---

[188] Quelle: http://elearn.jku.at/wiki/index.php/S08/KV_Strat_ITPlanung/TCO

Nutzen von IT-Diensten und -Systemen		
Quantifizierung leicht	*Quantifizierung schwer*	*Quantifizierung nicht möglich, nur qualitativ*
Kostenreduzierung durch (indirekt) • Optimierung, Substitution und Reduzierung von Prozessen • Qualitäts- und Flexibilitätssteigerungen • Zeitverkürzungen • Integrationsvorteile Zeitverkürzungen durch (direkt, indirekt) • Beschleunigung, Unterstützung und Einsparung von Prozessen	Qualität der IT-Komponenten (soweit ermittelbar) • IT (technische Daten) • Personal (Leistungsbewertung) • Organisation (Strukturanalyse) Integrationsaspekte (indirekt) • Fehlervermeidung • verbesserte Abstimmungsprozesse Felxibilitätsaspekte der IT und angrenzender Technologien • Kompatibilität • Portabilität • Adaptabilität • Reaktionsfähigkeit	Prozessqualität • Qualität der Planungs-, Produktions-, Informations- und Kommunikationsprozesse Ergebnisqualität (direkt, indirekt) • Qualität der Entscheidungen, Produkte/Dienstleistungen und IT Outputs Informations-/Wissensspeicherung / -abruf Wettbewerbsvorteile als Ergebnis anderer Wirkungen 1. Kostenreduzierte • Transaktionskostenreduzierungen und Kostensenkungen in indirekten Bereichen 2. Kundenrelevante • Lieferqualität • Servicegrad • Kundennähe und Ausbau neuer Distributionskanäle Aufbau von Markteintrittsbarrieren Erschließung neuer Märkte und Geschäftsfelder soziale Aspekte

Abbildung 28 - Nutzen von IT-Systemen und -Diensten[189]

---

[189] Quelle: [Sch08], S.21

Memo

Thema:	Fragenkatalog Diplomarbeit Alexander Ollischer
Datum:	04.03.2010
Erstellt von:	EMA

1 Welche Ziele verfolgte ▮▮▮▮ mit der Einführung einer virtuellen Infrastruktur (VI), z. B. strategischer, politischer oder organisatorischer Natur?

⇒ Erhöhung der Verfügbarkeit der Systeme und Erfüllung von definierten Service Level Agreements

⇒ Erlangung von Freiheitsgraden hinsichtlich des weiteren Ausbaus der Serverlandschaft bei steigenden Ansprüchen (Redundanz, Backup).

⇒ Neustrukturierung der Serverlandschaft bzw. Abschaffung der "historischen" Strukturen.

⇒ Kostensenkung bzw. Einsparungen

   × bei der Ausnutzung von Serverressourcen (im Gegensatz zu physischen Servern, die oft durch die Funktionen, für die sie verwendet werden bei weitem nicht ausgelastet werden)

   × bei der Implementierung neuer Server → Keine Anschaffung neuer Hardware

   × durch zentrale und vereinfachte automatisierte Administration

⇒ Schaffung einer besseren Basis zur Einführung von

   × Informationslebenszyklusmanagement (ILM)

   × Infrastrukturdokumentation in Anlehnung an die ITIL Standards

⇒ Senkung der Betriebskosten

2 Wie kann die Motivation ▮▮▮▮ zur Einführung der VI beschrieben werden? Aus dieser Motivation leiten sie letztlich die oben genannten (Projekt)Ziele ab, z. B. weniger Stromverbrauch, effizienteres IT-Management, Reduktion Kosten i. A., Erhöhung der Flexibilität, o. ä.

Grundsätzlich war die Ausgangssituation die, dass ▮▮▮▮ vor der Erneuerung einiger wesentlicher Server-Systeme stand, deren Lebenszyklus abgelaufen war. Parallel dazu war die Serverstruktur, wie das vermutlich in vielen Unternehmen ähnlicher Größenordnung der Fall ist, nicht mehr als homogen und strukturiert zu bezeichnen, sondern wie es wohl üblicherweise heißt: "historisch gewachsen". Viele Systeme hatten mehrere Rollen zu erfüllen, was die Stabilität der Systeme beeinträchtigen kann.

Die Entscheidung, die ▮▮▮▮ treffen musste, war, auf welche Art und Weise die Hardwareerneuerung durchzuführen sein: Durch einen Ersatz mit neuen physikalische Servern – idealer Weise verbunden mit einer Konsolidierung und Neustrukturierung der Serverrollen – oder durch eine Einführung einer Virtuellen Infrastruktur.

04.03.2010		Seite 1 von 4

Memo

3 Waren geschäftliche oder technologische Aspekte Treiber der Implementierung?

Bei ██████ ist es üblich, zunächst eine möglichst subjektive Betrachtung der technischen Möglichkeiten durch ████████en und die Vor- und Nachteile der verschiedenen Varianten gegenüberzustellen. Die Ergebnisse dieser Analyse werden dann einer betriebswirtschaftlichen Prüfung unterworfen. Die strategischen und technologischen Vorteile der VI wurden insbesondere im mittel- und langfristigen Bereich seitens ██████ als so markant angesehen, dass eine vordergründig höhere Investitionssumme in Kauf genommen w█████.

Insofern kann man davon sprechen, dass in diesem Fall die technologischen Möglichkeiten der Virtualisierung der Treiber für die Implementierung waren.

4 Wurde die VI vorausschauend/proakiv, oder eher reaktiv eingeführt?

Die Frage ist eindeutig mit "proaktiv" zu beantworten. Afontis hat in seiner Eigenschaft als IT-Dienstleister ██████ rechtzeitig auf die anstehenden Erneuerungen aufmerksam gemacht und so konnte ohne Druck und ████████berücksichtigung der genannten Faktoren entschieden und eingeführt werden.

5 Bestehen Überlegungen, die VI abseits der klassischen Servervirtualisierung/-konsolidierung einzusetzen, um weitere Vorteile zu erlangen? Oder sind weitere Einsätze/Erweiterungen der VI nicht beabsichtigt, deren Einsatzmöglichkeiten nicht bekannt, wie z.B. Desktop-Virtualisierung?

Die IT-Verantwortlichen ██████ sind schon aus betriebswirtschaftlichen Gründen (ROI !) darum bemüht, aktuelle Entwicklungen i█████████der VI im Auge zu behalten, um die Investitionen best möglichst auszunutzen. Auch hier spielt eine intensive Kommunikation mit Afontis als Beratungsdienstleister eine große Rolle.

Zwei Punkte werden möglicherweise in der Zukunft von Interesse sein. Das ist zum einen der Ausbau der Verfügbarkeit (falls notwendig; wird gerade untersucht) z. B. durch Aufbau eines redundanten Rechenzentrum oder einer Virtualisierung des Storage-Systems. Und zum anderen – wie schon in der Frage angesprochen – die Desktop-Virtualisierung, die in ca. 2 - 3 Jahren zum Tragen kommen könnte, wenn die aktuellen Client-PCs erneuert werden müssen. In dieser Richtung werden Analysen und Machbarkeitsstudien durchgeführt werden.

6 Welche Vorteile hast Du Dir persönlich durch die Implementierung der VI versprochen (subjektiv)?

Die Vorteile, die ich mir subjektiv davon versprochen habe, entsprechen im Wesentlichen denen, die unter 1 genannt wurden. Sonst hätte ich das System auch der Geschäftsleitung nicht empfehlen können.

Am meisten haben mich die technologischen Möglichkeiten der Virtualisierung beeindruckt: Wie einfach Systeme aufgesetzt werden können, wie ihnen mehr oder weniger Ressourcen – je nach Bedarf – zugewiesen werden können und die Verbesserungen in der Verfügbarkeit (Stichwort HA oder Snapshots). Und das alles ohne Schraubenzieher und mit einem Schal um den Hals an der Konsole im Rechenzentrum zu stehen.

Auch die Möglichkeiten, ohne zusätzliche Hardware testen zu können, ist ein enormer Vorteil gegenüber konventioneller Servertechnik, der monetär gar nicht richtig zu greifen ist.

7 Findest Du, dass diese Vorteile erreicht wurden? Falls nein: warum?

Im Großen und Ganzen bin ich der Meinung, dass das ganze Projekt ein Erfolg ist. Allein ein Blick in den Serverraum genügt, um zu sehen, was sich getan hat und wie sich die Serverlandschaft ▓▓▓▓ zum Positiven hin verbessert hat.

Es gibt aber auch noch Punkte, die noch nicht optimal gelöst sind oder die noch der Überprüfung bedürfen. Es ist mir noch nicht klar, ob die VMs alle optimal konfiguriert sind, um jeweils die optimale Performance zu bieten und ob die Konfiguration des Gesamtsystem an ein Optimum hinkommt. Auch die Wartung läuft noch nicht einwandfrei.

Dazu muss man allerdings anmerken, dass die Projektumsetzung zum Teil holprig war und zu Problemen geführt hat und es nun, da die weitere Fortführung und Wartung der VI grundsätzlich geklärt ist, erst noch einer gewissen Anlaufzeit bedarf.

8 Die Kosten, welche durch die Implementierung der VI entstanden sind, können in budgetierbare (direkte) und nicht-budgetierbare (indirekte) Kosten untergliedert werden. Direkte Kosten sind Hard-/Software, Betrieb, Administration. Die Downtime stellt dagegen indirekte Kosten dar. Gibt es Schätzungen, wie hoch die Downtime der IT bei der Protina in den Jahren 2007 bis 2009 war? Welche Downtime pro Jahr kann schätzungsweise erduldet werden?

Meines Wissens gibt es keine Schätzungen und auch keine Aufzeichnungen über die Downtime in den letzen Jahren. Nach meinen persönlichen Eindrücken waren diese jedoch sehr gering, da die Implementierung zeitlich gut geplant war und in der Regel abends oder am Wochenende durchgeführt wurde. Zudem wurden auch Abschaltungen immer in Abstimmung mit den Kernabteilungen ▓▓▓▓ durchgeführt, insbesondere mit der Produktion, um z. B. zu gewährleisten, dass keine Systemarbeiten während eines Spättaktes durchgeführt wurden. Alle anderen Abteilungen konnten sich auf diese Zeiten einstellen, ohne dass nennenswerte Kosten entstanden.

Dies gilt ebenso für weitere Wartungsarbeiten nach der Implementierungsphase, die eine Abschaltung zentraler Server (Fileserver) oder Systemkomponenten (Storage) notwendig machen.

Schätzungen bzw. Geschäftleitungsanforderungen, welchen Downtime erduldet werden kann, gibt es (noch) nicht. Ich gehe aber davon aus, dass diese auf keinen Fall über einem MT liegen sollten.

9 Kann ich die Downtime mit geeigneten Faktoren monetarisieren?

Betrachtet man die Implementierungsphase der VI, entstanden ▓▓▓▓ zusätzliche und nicht budgetierte Kosten aufgrund der Tatsache, dass das Projekt an ein externes Unternehmen vergeben wurde und zum einen ▓▓▓▓ nicht berücksichtigt wurde, dass eine Einplanung einer Mitarbeit von Afontis im Projektbudget notwendig gewesen wäre und auch Fehler bei der Implementierung (z. B. Servermigration) gemacht wurden, die einen Mehraufwand verursacht haben. Diese Mehrkosten beliefen sich grob geschätzt auf € 10.000 - € 15.000 (Vgl. Kostenaufaufstellung Afontis).

Was die Quantifizierung von Kosten, die durch den Ausfall von elementaren Systemen wie Fileserver oder Storage entstehen, kann man als grobe Schätzung annehmen, dass 100 Mitarbeiter bezahlt werden müssen, ohne produktiv arbeiten zu können. Die durchschnittlichen Kosten/Mitarbeiter/h sind mir nicht bekannt, können aber ▓▓▓▓ als Richtgröße erfragt werden.

04.03.2010		Seite 3 von 4

Memo

10 Gibt es aus Deiner Sicht abseits von Kostenersparnis durch die VI weiteren, nicht monetarisierbaren Nutzen? Wenn ja: welchen?

Ein einfacher, aber bei weitem nicht zu unterschätzender Nutzen sticht sofort hervor: Testen. Ein System kann ohne Probleme in jeder denkbaren Konfiguration zu Testzwecken aufgesetzt werden ohne andere wichtige Funktionalitäten zu beeinflussen.

11 Denkst Du, dass die VI auch einen Nutzen ▉▉▉▉▉▉▉ aus strategischer Sicht bietet, z. B. schnellere Anpassung der IT an neue technologische oder regulatorische Herausforderungen, o. ä.?

Die Skalierbarkeit, d. h. die Freiheit das System mit den Bedürfnissen des Unternehmens mitwachsen zu lassen ist ein unschlagbarer strategischer Vorteil. Hier wird es auch klar ersichtlich, warum sich die höhere Anfangsinvestition lohnen wird.

Wenn mehr Ressourcen benötigt werden, weil z. B. die Desktop-Virtualisierung ansteht, kann ein weiterer ESX-Server problemlos in das System eingeklinkt werden.

Auch das Storagesystem lässt sich dementsprechend erweitern und/oder virtualisieren.

Beides zusammen erlaubt den Aufbau eines redundanten Rechenzentrums innerhalb einer einheitlichen Systemarchitektur.

Die Anforderungen an die IT werden in der Zukunft ▉▉▉▉ weiter steigen. Das lässt sich – ohne ein Prophet zu sein – auf jeden Fall jetzt schon sagen. Und wenn das System mit diesen Anforderungen flexibel mitwachsen kann, dann wird klar, warum die Entscheidung für die VI ein strategische und keine technologische war.

12 Im Rahmen der Evaluierung eines Partners zur Implementierung der VI wurden Gespräche mit Anbietern und Beratern geführt. Wie hoch schätzt Du den dafür von Dir betriebenen Aufwand in h?

Messebesuch: 2 Tage Systems

Besprechungen mit 5 Anbietern 1. Runde: je 2 h

Detailbesprechungen mit 5 Anbietern: je 2 h

Beratergespräche: insgesamt ca. 6 h

Durcharbeiten der Angebote und Konzepte: 2 MT

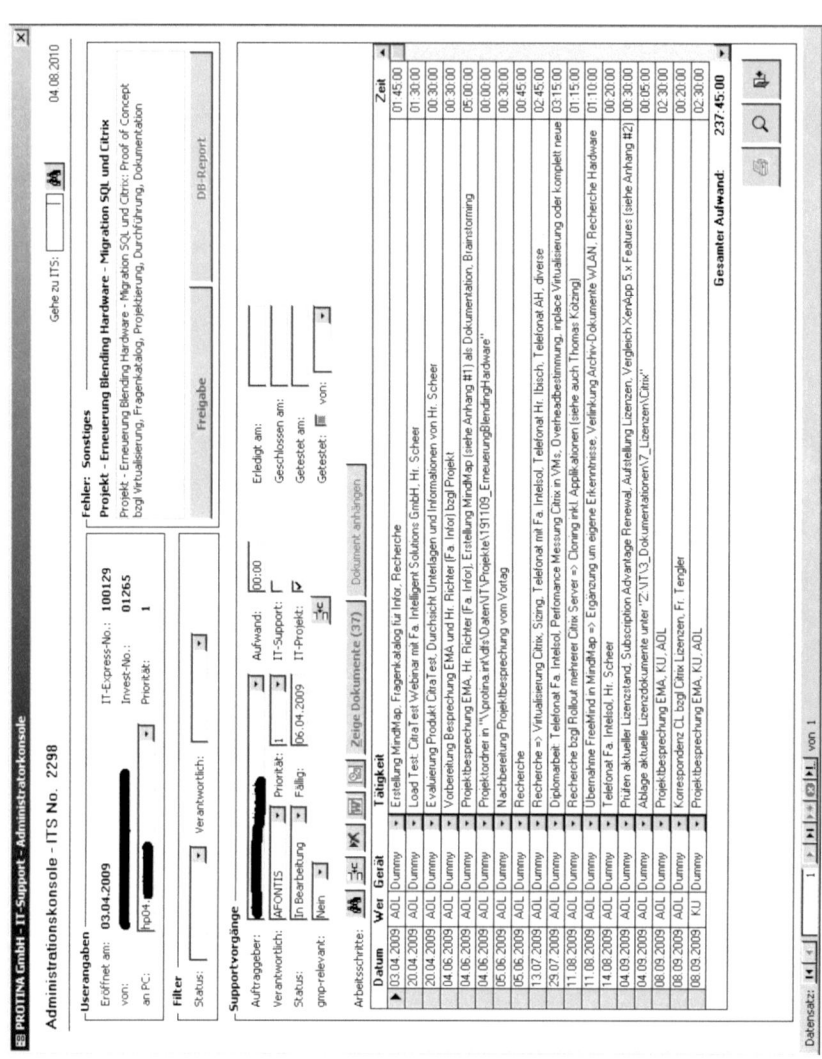

Abbildung 29 - Unternehmensinterne IT-Support Datenbank[190]

---

[190] Eigene Abbildung

Kennzahlen und Faktoren zur Bewertung der TCO

ESX-Server

kalk. Strom pro HP Proliant DL360 G5	Gesamtleistung (Watt) 593,00	Sec/h 3.600,00	kJ 2.134,80	kWh 0,59	€/kWh 0,12 €	Sec/a 31.536.000,00	kJ/a 18.700.848,00	kWh/a 5.194,68	€/a 623,36 €

Standardserver

kalk. Strom pro HP Proliant ML350 G3	Gesamtleistung (Watt) 568,00	Sec/h 3.600,00	kJ 2.044,80	kWh 0,57	€/kWh 0,12 €	Sec/a 31.536.000,00	kJ/a 17.912.448,00	kWh/a 4.975,68	€/a 597,08 €
kalk. Strom pro HP Proliant ML530 G2	430,00	3.600,00	1.548,00	0,43	0,12 €	31.536.000,00	13.560.480,00	3.766,80	452,02 €
kalk. Strom pro HP Proliant DL380 G5	419,00	3.600,00	1.508,40	0,42	0,12 €	31.536.000,00	13.213.584,00	3.670,44	440,45 €
kalk. Strom pro HP Proliant (mittel)	472,33	3.600,00	1.700,40	0,47	0,12 €	31.536.000,00	14.895.504,00	4.137,64	496,52 €

Klimageräte

kalk. Strom Mitsubishi Electric (PU-P1.5YHA)	Gesamtleistung (Watt) 4.550,00	Sec/h 3.600,00	kJ 16.380,00	kWh 4,55	€/kWh 0,12 €	Sec/a 31.536.000,00	kJ/a 143.488.800,00	kWh/a 39.858,00	€/a 4.782,96 €
kalk. Strom Daikin (RP100B7W1)	3.500,00	3.600,00	12.600,00	3,50	0,12 €	31.536.000,00	110.376.000,00	30.660,00	3.679,20 €
kalk. Strom Klima (mittel)	4.025,00	3.600,00	14.490,00	4,03	0,12 €	31.536.000,00	126.932.400,00	35.259,00	4.231,08 €

Miete

kalk. Miete Serverraum A37	Fläche m2 60	Preis/m2 13,50 €	Preis/m 810,00 €	Preis/a 9.720,00 €	Anzahl Server 27	Miete/Server/a 360,00 €	pauschal Miete 800,00 €	pauschal Miete/Server 355,56 €

Anschaffung Standardserver (physisch)

	HW	SW/OS	Wartung/Garantie	Dienstleistung	Summe	Wartung/a
HP Proliant ML350R05 (SERV-MX) inkl. Wartung/Garantie	5.828,00 €	541,00 €	769,00 €	1.080,00 €	8.218,00	1.890,36 €
HP Proliant DL380 G5 (SERVFW03) inkl. Wartung/Garantie	3.550,00 €	1.117,00 €	1.385,00 €	1.080,00 €	7.132,00	578,13 €
HP Proliant DL360 G5 (SERV-ISVW) inkl. Wartung/Garantie	2.185,00 €	555,00 €	898,00 €	1.080,00 €	4.718,00	896,88 €
HP Proliant DL380 G6 (SERVSQL01) inkl. Wartung/Garantie	7.010,00 €	- €	435,00 €	600,00 €	8.045,00	805,88 €
HP Proliant Standardserver (Mittel)	4.643,25 €	553,25 €	871,75 €	960,00	7.028,25 €	1.042,81 €

Anschaffung Standardserver (virtuell)

	HW	SW/OS	Wartung/Garantie	Dienstleistung	Wartung/a	Downtime/a in %
serv-msx	- €	- €	- €	1.080,00 €	900,67 €	0,10
serv-dc02	- €	- €	- €	150,00 €		0,10
serv-ctxtest	- €	- €	- €	1.080,00 €	112,27 €	0,10
serv-SQLDev	- €	- €	- €	270,00 €	675,42 €	0,10
VM (Mittel)	- €	- €	- €	645,00 €	844,18 €	0,10

Downtime

	Downtime %	Verfügbarkeit %	d/a (bei 24/7)	d/a (Arbeitstage)	Ausfall d/a	Anzahl MA	Stundensatz	Kosten
geplant	-	100,00	365,00	252,00	0	50	45,00 €	- €
ungeplant	1,00	99,00	3,65	2,52	2,52	50	45,00 €	45.360,00 €

Abbildung 30 - Kennzahlen und Faktoren zur Bewertung der TCO[191]

---

[191] Eigene Aufstellung

Pos.	Rechnung	Datum	Artikel	Kategorie	Rechnungsbetrag, netto	Skonto/Abschlag in %	Zahlbetrag, netto	ProjektNo.	AnlageNo.
1	R080243	10.01.2008	Beratung/Projektierung SoftEd	Dienstleistung	450,00 €	-	450,00 €	191101	-
2	R0803216	31.03.2008	Beratung/Projektierung SoftEd	Dienstleistung	600,00 €	-	600,00 €	191101	-
3	964697	31.07.2008	Beratung/Projektierung Atonis	Dienstleistung	4.250,00 €	-	4.250,00 €	191101	-
4	R0811067	07.11.2008	Beratung/Projektierung SoftEd	Dienstleistung	5.200,00 €	-	5.200,00 €	191101	-
5	964780	28.11.2008	Beratung/Projektierung Atonis	Dienstleistung	714,79 €	-	714,79 €	191101	-
6	2008.0592	22.12.2008	HP-StorageWorks MSA2012i	HW	13.159,59 €	5,0000	12.501,61 €	191101	01799.000
7	2008.0592	22.12.2008	HP DL360R5 ESX Server	HW	13.540,11 €	5,0000	12.863,10 €	191101	01799.000
8	2008.0592	22.12.2008	HP ProCurve	HW	1.120,00 €	5,0000	1.064,00 €	191101	01799.000
9	2008.0592	22.12.2008	Vmware-VI-MID-AK-C	License	14.170,94 €	7,3207	13.133,53 €	191101	01799.000
10	2008.0592	22.12.2008	HP-StorageWorks MSA60	HW	4.381,37 €	5,0000	4.162,30 €	191101	01798.000
11	2008.0592	22.12.2008	HP DL380 Erweiterung	HW	585,00 €	5,0000	555,75 €	191101	01798.000
12	2008.0592	22.12.2008	Patchkabel	HW	137,20 €	5,0000	130,34 €	191101	01798.000
13	964793	30.12.2008	Beratung/Projektierung Atonis	Dienstleistung	769,57 €	-	769,57 €	191101	-
14	964800	30.12.2008	Beratung/Projekte	Dienstleistung	286,87 €	-	286,87 €	191101	-
15	964802	23.01.2009	Rangierpanel	HW	136,00 €	-	136,00 €	191101	-
16	964808	30.01.2009	Beratung/Projektierung Atonis	Dienstleistung	5.359,41 €	-	5.359,41 €	191101	-
17	2009.0036	30.01.2009	MS Microsoft Windows Server 2008	License	10.800,00 €	7,3207	10.005,36 €	191101	01799.000
18	2009.0036	30.01.2009	Vmware Serverkonsolidierung	Dienstleistung	3.500,00 €	10,0000	3.150,00 €	191101	01799.000
19	2009.0036	30.01.2009	Vmware Zentrale Administration 50%	Dienstleistung	1.000,00 €	10,0000	900,00 €	191101	01799.000
20	2009.0036	30.01.2009	Vmware Storage Konsolidierung	Dienstleistung	7.200,00 €	10,0000	6.480,00 €	191101	01798.000
21	2009.0036	30.01.2009	Vmware Backup-System	Dienstleistung	3.500,00 €	10,0000	3.150,00 €	191101	01798.000
22	2009.0036	30.01.2009	Vmware Zentrale Administration 50%	Dienstleistung	1.000,00 €	10,0000	900,00 €	191101	01798.000
23	R0902177	26.02.2009	Beratung/Projektierung SoftEd	Dienstleistung	1.400,00 €	-	1.400,00 €	191101	-
24	964819	27.02.2009	Beratung/Projektierung Atonis	Dienstleistung	2.867,94 €	-	2.867,94 €	191101	-
25	964834	31.03.2009	Beratung/Projektierung Atonis	Dienstleistung	4.355,37 €	-	4.355,37 €	191101	-
26	964850	30.04.2009	Beratung/Projektierung Atonis	Dienstleistung	1.561,93 €	-	1.561,93 €	191101	-
27	964859	29.05.2009	Beratung/Projektierung Atonis	Dienstleistung	4.192,34 €	-	4.192,34 €	191101	-
28	964868	30.06.2009	Beratung/Projektierung Atonis	Dienstleistung	547,40 €	-	547,40 €	191101	-
29	964906	30.09.2009	Beratung/Projektierung Atonis	Dienstleistung	4.199,13 €	-	4.199,13 €	191101	-
30	964917	30.09.2009	HP-StorageWorks MSA2012i Festplatten	HW	5.535,00 €	2,0000	5.424,30 €	191101	01799.000
31			Verwaltung	Dienstleistung	7.200,00 €	-	7.200,00 €	191101	-
32	964919	30.10.2009	Beratung/Projektierung Atonis	Dienstleistung	2.721,22 €	-	2.721,22 €	191101	-

Summe HW:	36.837,41 €	
Summe License:	23.142,89 €	
Summe Dienstleistung:	61.255,97 €	
Summe, gesamt:	121.236,27 €	

Pos.	Monat	Zahlbetrag, netto
1	Jan 08	450,00 €
2	Feb 08	600,00 €
3	Mrz 08	-
4	Apr 08	600,00 €
5	Mai 08	-
6	Jun 08	-
7	Jul 08	4.250,00 €
8	Aug 08	-
9	Sep 08	-
10	Okt 08	-
11	Nov 08	5.914,79 €
12	Dez 08	45.467,07 €
13	Jan 09	30.084,77 €
14	Feb 09	4.267,94 €
15	Mrz 09	4.355,37 €
16	Apr 09	1.561,93 €
17	Mai 09	4.192,34 €
18	Jun 09	547,40 €
19	Jul 09	-
20	Aug 09	-
21	Sep 09	9.623,43 €
22	Okt 09	2.721,22 €
23	Nov 09	-
24	Dez 09	-
	Summe:	114.036,27 €

Abbildung 31 - Kostenaufstellung anhand Belegdaten für die IT-Investition VI[192]

---

[192] Eigene Aufstellung

Pos.	Modell	Art	Name	virtualisiert	Gesamtleistung (Watt)	Gesamtleistung [VA]	Gesamte Abwärme	Sec/h	kJ	kWh	€/kWh	Sec/a	kJ/a	kWh/a	€/a
1	Compaq Proliant ML370 G2	Server	LIMSSRV	✓	295	421	1007	3.600,00	1.062,00	0,30	0,12 €	31.536.000,00	9.303.120,00	2.584,20	310,10 €
2	Compaq Proliant ML370 G2	Server	serv-07	✓	295	421	1007	3.600,00	1.062,00	0,30	0,12 €	31.536.000,00	9.303.120,00	2.584,20	310,10 €
3	Compaq Proliant ML530	Server	serv-04	✓	408	583	1393	3.600,00	1.468,80	0,41	0,12 €	31.536.000,00	12.866.688,00	3.574,08	428,89 €
4	Compaq Proliant ML530 G2	Server	serv-SQL01	✗	430	614	1469	3.600,00	1.548,00	0,43	0,12 €	31.536.000,00	13.560.480,00	3.766,80	452,02 €
5	Compaq Proliant ML530	Server	servFW01	✗	386	551	1318	3.600,00	1.389,60	0,39	0,12 €	31.536.000,00	12.172.896,00	3.381,36	405,76 €
6	Fujitsu Primergy ES200	Server	servow01	✓	198	283	676	3.600,00	712,80	0,20	0,12 €	31.536.000,00	6.244.128,00	1.734,48	208,14 €
7	HP Proliant ML350 G4	Server	serv-02	✓	362	517	1236	3.600,00	1.303,20	0,36	0,12 €	31.536.000,00	11.416.032,00	3.171,12	380,53 €
8	PC Tower	Server	PRINTSRV	✓	144	206	492	3.600,00	518,40	0,14	0,12 €	31.536.000,00	4.541.184,00	1.261,44	151,37 €
9	PC Tower	Server	SERV-03	✓	144	206	492	3.600,00	518,40	0,14	0,12 €	31.536.000,00	4.541.184,00	1.261,44	151,37 €
10	PC Tower	Server	SERV-05	✓	144	206	492	3.600,00	518,40	0,14	0,12 €	31.536.000,00	4.541.184,00	1.261,44	151,37 €
11	PC Tower	Server	SERV-08	✓	144	206	492	3.600,00	518,40	0,14	0,12 €	31.536.000,00	4.541.184,00	1.261,44	151,37 €
12	1HE Server Thomas Krenn	Server	SERVSAN	✗	240	343	820	3.600,00	864,00	0,24	0,12 €	31.536.000,00	7.568.640,00	2.102,40	252,29 €
13	APC SmartUPS 7500 RT	USV	-	✗	6000		1380	3.600,00	21.600,00	6,00	0,12 €	31.536.000,00	189.216.000,00	52.560,00	6.307,20 €
14	Compaq Proliant ML570	Server	serv-01	✗	404	577	1380	3.600,00	1.454,40	0,40	0,12 €	31.536.000,00	12.740.544,00	3.539,04	424,68 €
15	HP Proliant ML350 G4	Server	serv-mx	✗	501	715	1711	3.600,00	1.803,60	0,50	0,12 €	31.536.000,00	15.799.536,00	4.388,76	526,65 €
16	1HE Server Thomas Krenn	Server	serv-pr	✗	240	343	820	3.600,00	864,00	0,24	0,12 €	31.536.000,00	7.568.640,00	2.102,40	252,29 €
17	HP Proliant ML350 G3	Server	servCTW01	✗	568	811	1940	3.600,00	2.044,80	0,57	0,12 €	31.536.000,00	17.912.448,00	4.975,68	597,08 €
18	HP Proliant ML350 G3	Server	servCTW02	✗	568	811	1940	3.600,00	2.044,80	0,57	0,12 €	31.536.000,00	17.912.448,00	4.975,68	597,08 €
19	HP Proliant ML350 G3	Server	servCTW03	✗	568	811	1940	3.600,00	2.044,80	0,57	0,12 €	31.536.000,00	17.912.448,00	4.975,68	597,08 €
20	HP Proliant DL380 G5	Server	servCTW04	✓	419	598	1431	3.600,00	1.508,40	0,42	0,12 €	31.536.000,00	13.213.584,00	3.670,44	440,45 €
21	HP Proliant DL380 G5	Server	servCTW05	✓	419	598	1431	3.600,00	1.508,40	0,42	0,12 €	31.536.000,00	13.213.584,00	3.670,44	440,45 €
22	1HE Server Thomas Krenn	Server	servCTXTest	✗	240	343	820	3.600,00	864,00	0,24	0,12 €	31.536.000,00	7.568.640,00	2.102,40	252,29 €
23	HP Proliant DL380 G5	Server	serv-MFR	✓	419	598	1431	3.600,00	1.508,40	0,42	0,12 €	31.536.000,00	13.213.584,00	3.670,44	440,45 €
24	Compaq Proliant ML530 G2	Server	serv-Test01	✗	430	614	1469	3.600,00	1.548,00	0,43	0,12 €	31.536.000,00	13.560.480,00	3.766,80	452,02 €
25	PC Tower	Server	Zuko	✓	144	206	492	3.600,00	518,40	0,14	0,12 €	31.536.000,00	4.541.184,00	1.261,44	151,37 €
26	2HE Server Maxdata	Server	Citrix-SGS	✗	240	343	820	3.600,00	864,00	0,24	0,12 €	31.536.000,00	7.568.640,00	2.102,40	252,29 €
27	2HE Server Maxdata	Server	serv-MFR2	✗	240	343	820	3.600,00	864,00	0,24	0,12 €	31.536.000,00	7.568.640,00	2.102,40	252,29 €
28	PC Tower	Server	EDI	✗	144	206	492	3.600,00	518,40	0,14	0,12 €	31.536.000,00	4.541.184,00	1.261,44	151,37 €
29	Daikin	Klima	-		3500			3.600,00	12.600,00	3,50	0,12 €	31.536.000,00	110.376.000,00	30.660,00	3.679,20 €
30	Mitsubishi Electric	Klima	-		4550			3.600,00	16.380,00	4,55	0,12 €	31.536.000,00	143.488.800,00	39.858,00	4.782,96 €
31	Hirel	USV	-		24000	30000		3.600,00	86.400,00	24,00	0,12 €	31.536.000,00	756.864.000,00	210.240,00	25.228,80 €
32	Alcatel-Lucent OmniSwitch	Switch	-		150	214	512	3.600,00	540,00	0,15	0,12 €	31.536.000,00	4.730.400,00	1.314,00	157,68 €
33	Alcatel-Lucent OmniSwitch	Switch	-		150	214	512	3.600,00	540,00	0,15	0,12 €	31.536.000,00	4.730.400,00	1.314,00	157,68 €
34	Nortel Baystack 450	Switch	-		140	200	478	3.600,00	504,00	0,14	0,12 €	31.536.000,00	4.415.040,00	1.226,40	147,17 €
35	Nortel Baystack 450	Switch	-		140	200	478	3.600,00	504,00	0,14	0,12 €	31.536.000,00	4.415.040,00	1.226,40	147,17 €
36	Nortel Baystack 450	Switch	-		140	200	478	3.600,00	504,00	0,14	0,12 €	31.536.000,00	4.415.040,00	1.226,40	147,17 €
37	Nortel Baystack 450	Switch	-		140	200	478	3.600,00	504,00	0,14	0,12 €	31.536.000,00	4.415.040,00	1.226,40	147,17 €
38	Nortel Baystack 450	Switch	-		140	200	478	3.600,00	504,00	0,14	0,12 €	31.536.000,00	4.415.040,00	1.226,40	147,17 €
39	Nortel Baystack 450	Switch	-		140	200	478	3.600,00	504,00	0,14	0,12 €	31.536.000,00	4.415.040,00	1.226,40	147,17 €
40	Nortel Baystack 450	Switch	-		140	200	478	3.600,00	504,00	0,14	0,12 €	31.536.000,00	4.415.040,00	1.226,40	147,17 €
41	Nortel Baystack 450	Switch	-		140	200	478	3.600,00	504,00	0,14	0,12 €	31.536.000,00	4.415.040,00	1.226,40	147,17 €
42	Nortel Baystack 5510	Switch	-		135	193	461	3.600,00	486,00	0,14	0,12 €	31.536.000,00	4.257.360,00	1.182,60	141,91 €

Summe: 50.813,96 €

Summe Server: 9.181,18 €
Summe USV: 31.536,00 €
Summe Klima: 8.462,16 €
Summe Storage: -
Summe Switch: 1.634,62 €

Summe: 50.813,96 €

Abbildung 32 - Anschlusswerte Hardwarekomponenten 2008, physische Serverlandschaft[193]

---

[193] Eigene Aufstellung

Pos.	Modell	Art	Name	virtualisiert	Gesamtleistung [Watt]	Gesamtleistung [VA]	Gesamte Abwärme	Sec/h	kJ	kWh	€/kWh	Sec/a	kJ/a	kWh/a	€/a
1	Compaq Proliant ML530 G2	Server	servSQL01	x	430	614	1469	3.600,00	1.548,00	0,43	0,12 €	31.536.000,00	13.560.480,00	3.766,80	452,02 €
2	HP Proliant DL380 G5	Server	servFW01	x	250	551	1318	3.600,00	900,00	0,25	0,12 €	31.536.000,00	7.884.000,00	2.190,00	262,80 €
3	HP Proliant DL360 G5	USV	servisw01	x	247	283	676	3.600,00	889,20	0,25	0,12 €	31.536.000,00	7.789.392,00	2.163,72	259,65 €
4	APC SmartUPS 7500 RT	USV			6000			3.600,00	21.600,00	6,00	0,12 €	31.536.000,00	189.216.000,00	52.560,00	6.307,20 €
5	HP Proliant ML350 G3	Server	servCTX01	x	568	811	1940	3.600,00	2.044,80	0,57	0,12 €	31.536.000,00	17.912.448,00	4.975,68	597,08 €
6	HP Proliant ML350 G3	Server	servCTX02	x	568	811	1940	3.600,00	2.044,80	0,57	0,12 €	31.536.000,00	17.912.448,00	4.975,68	597,08 €
7	HP Proliant ML350 G3	Server	servCTX03	x	568	811	1940	3.600,00	2.044,80	0,57	0,12 €	31.536.000,00	17.912.448,00	4.975,68	597,08 €
8	HP Proliant DL380 G5	Server	servCTX04	x	419	598	1431	3.600,00	1.508,40	0,42	0,12 €	31.536.000,00	13.213.584,00	3.670,44	440,45 €
9	HP Proliant DL380 G5	Server	servCTX05	x	419	598	1431	3.600,00	1.508,40	0,42	0,12 €	31.536.000,00	13.213.584,00	3.670,44	440,45 €
10	HP Proliant DL380 G5	Server	serv-MFR	x	419	598	1431	3.600,00	1.508,40	0,42	0,12 €	31.536.000,00	13.213.584,00	3.670,44	440,45 €
11	HP Proliant DL380 G5	Server	serv-FAX	x	247	283	676	3.600,00	889,20	0,25	0,12 €	31.536.000,00	7.789.392,00	2.163,72	259,65 €
12	HP Proliant ML350 G4	Server	serv-Backup		501	715	1711	3.600,00	1.803,60	0,50	0,12 €	31.536.000,00	15.799.536,00	4.388,76	526,65 €
13	1HE Appliance	Server	C4G		140	343	820	3.600,00	504,00	0,14	0,12 €	31.536.000,00	4.415.040,00	1.226,40	147,17 €
14	PC Tower	Server	EDI		144	206	492	3.600,00	518,40	0,14	0,12 €	31.536.000,00	4.541.184,00	1.261,44	151,37 €
15	Daikin	Klima			3500			3.000,00	12.600,00	3,50	0,12 €	31.536.000,00	110.376.000,00	30.660,00	3.679,20 €
16	Mitsubishi Electric	Klima			4550			3.000,00	16.380,00	4,55	0,12 €	31.536.000,00	143.488.800,00	39.858,00	4.782,96 €
17	Hirest	USV			24000	30000		3.600,00	86.400,00	24,00	0,12 €	31.536.000,00	756.864.000,00	210.240,00	25.228,80 €
18	HP StorageWorks MSA2000	Storage			298	426	1018	3.600,00	1.072,80	0,30	0,12 €	31.536.000,00	9.397.728,00	2.610,48	313,26 €
19	HP StorageWorks MSA2000	Storage			298	426	1018	3.600,00	1.072,80	0,30	0,12 €	31.536.000,00	9.397.728,00	2.610,48	313,26 €
20	HP StorageWorks MSA60	Storage			310	426	1018	3.600,00	1.116,00	0,31	0,12 €	31.536.000,00	9.776.160,00	2.715,60	325,87 €
21	Alcatel-Lucent OmniSwitch	Switch			150	214	512	3.600,00	540,00	0,15	0,12 €	31.536.000,00	4.730.400,00	1.314,00	157,68 €
22	Alcatel-Lucent OmniSwitch	Switch			150	214	512	3.600,00	540,00	0,15	0,12 €	31.536.000,00	4.730.400,00	1.314,00	157,68 €
23	Alcatel-Lucent OmniSwitch	Switch			150	214	512	3.600,00	540,00	0,15	0,12 €	31.536.000,00	4.730.400,00	1.314,00	157,68 €
24	Alcatel-Lucent OmniSwitch	Switch			150	214	512	3.600,00	540,00	0,15	0,12 €	31.536.000,00	4.730.400,00	1.314,00	157,68 €
25	Alcatel-Lucent OmniSwitch	Switch			140	200	478	3.600,00	504,00	0,14	0,12 €	31.536.000,00	4.415.040,00	1.226,40	147,17 €
26	Nortel Baystack 450	Switch			140	200	478	3.600,00	504,00	0,14	0,12 €	31.536.000,00	4.415.040,00	1.226,40	147,17 €
27	Nortel Baystack 450	Switch			140	200	478	3.600,00	504,00	0,14	0,12 €	31.536.000,00	4.415.040,00	1.226,40	147,17 €
28	Nortel Baystack 450	Switch			140	200	478	3.600,00	504,00	0,14	0,12 €	31.536.000,00	4.415.040,00	1.226,40	147,17 €
29	Nortel Baystack 450	Switch			140	200	478	3.600,00	504,00	0,14	0,12 €	31.536.000,00	4.415.040,00	1.226,40	147,17 €
30	Nortel Baystack 450	Switch			140	200	478	3.600,00	504,00	0,14	0,12 €	31.536.000,00	4.415.040,00	1.226,40	147,17 €
31	Nortel Baystack 450	Switch			140	200	478	3.600,00	504,00	0,14	0,12 €	31.536.000,00	4.415.040,00	1.226,40	147,17 €
32	Nortel Baystack 450	Switch			140	200	478	3.600,00	504,00	0,14	0,12 €	31.536.000,00	4.415.040,00	1.226,40	147,17 €
33	Nortel Baystack 5510	Switch			135	193	461	3.600,00	486,00	0,14	0,12 €	31.536.000,00	4.257.360,00	1.182,60	141,91 €
34	HP ProCurve 1800-24G	Switch	iSCSI		127			3.600,00	457,20	0,13	0,12 €	31.536.000,00	4.005.072,00	1.112,52	133,50 €
35	HP ProCurve 1800-24G	Switch	iSCSI2		127			3.600,00	457,20	0,13	0,12 €	31.536.000,00	4.005.072,00	1.112,52	133,50 €
36	HP Proliant DL360 G5	Server	servESX01	x	593	847	2025	3.600,00	2.134,80	0,59	0,12 €	31.536.000,00	18.700.848,00	5.194,68	623,36 €
37	HP Proliant DL360 G5	Server	servESX02	x	593	847	2025	3.600,00	2.134,80	0,59	0,12 €	31.536.000,00	18.700.848,00	5.194,68	623,36 €
38	HP Proliant DL360 G5	Server	servESX03	x	593	847	2025	3.600,00	2.134,80	0,59	0,12 €	31.536.000,00	18.700.848,00	5.194,68	623,36 €

Summe: 50.209,52 €

Summe Server: 7.041,99 €
Summe USV: 31.536,00 €
Summe Klima: 8.462,16 €
Summe Storage: 952,39 €
Summe Switch: 2.216,98 €
50.209,52 €

Abbildung 33 - Anschlusswerte Hardwarekomponenten 2009, virtuelle Serverlandschaft[194]

---

[194] Eigene Aufstellung

108

Pos.	Modell	Art	Name	virtualisiert	Gesamtleistung (Watt)	Gesamtleistung (VA)	Gesamte Abwärme	Sec/h	kJ	kWh	€/kWh	Sec/a	kJ/a	kWh/a	€/a
1	HP Proliant DL380 G6	Server	servSQL01	x	554	614	1469	3.600,00	1.994,40	0,55	0,12 €	31.536.000,00	17.470.944,00	4.853,04	582,36 €
2	HP Proliant DL380 G5	Server	servFW01	x	250	551	1318	3.600,00	900,00	0,25	0,12 €	31.536.000,00	7.884.000,00	2.190,00	262,80 €
3	HP Proliant DL360 G5	Server	servisvw01	x	247	283	676	3.600,00	889,20	0,25	0,12 €	31.536.000,00	7.789.392,00	2.163,72	259,65 €
4	APC SmartUPS 7500 RT	USV	-		6000			3.600,00	21.600,00	6,00	0,12 €	31.536.000,00	189.216.000,00	52.560,00	6.307,20 €
5	HP Proliant DL380 G5	Server	servCT004	x	419	598	1431	3.600,00	1.508,40	0,42	0,12 €	31.536.000,00	13.213.584,00	3.670,44	440,45 €
6	HP Proliant DL380 G5	Server	servCT005	x	419	598	1431	3.600,00	1.508,40	0,42	0,12 €	31.536.000,00	13.213.584,00	3.670,44	440,45 €
7	HP Proliant DL360 G5	Server	serv-MFR	x	247	283	676	3.600,00	889,20	0,25	0,12 €	31.536.000,00	7.789.392,00	2.163,72	259,65 €
8	HP Proliant DL360 G5	Server	serv-FAX	x	247	283	676	3.600,00	889,20	0,25	0,12 €	31.536.000,00	7.789.392,00	2.163,72	259,65 €
9	HP Proliant ML350 G4	Server	serv-Backup	x	501	715	1711	3.600,00	1.803,60	0,50	0,12 €	31.536.000,00	15.799.536,00	4.388,76	526,65 €
10	1HE Appliance	Server	CAG		140	343	820	3.600,00	504,00	0,14	0,12 €	31.536.000,00	4.415.040,00	1.226,40	147,17 €
11	PC Tower	Server	EDI		144	206	492	3.600,00	518,40	0,14	0,12 €	31.536.000,00	4.541.184,00	1.261,44	151,37 €
12	Daikin	Klima	-		3500			3.600,00	12.600,00	3,50	0,12 €	31.536.000,00	110.376.000,00	30.660,00	3.679,20 €
13	Mitsubishi Electric	Klima	-		4550			3.600,00	16.380,00	4,55	0,12 €	31.536.000,00	143.488.800,00	39.858,00	4.782,96 €
14	Hinet	USV	-		24000	30000		3.600,00	86.400,00	24,00	0,12 €	31.536.000,00	756.864.000,00	210.240,00	25.228,80 €
15	HP StorageWorks MSA2000i	Storage	-		298	426	1018	3.600,00	1.072,80	0,30	0,12 €	31.536.000,00	9.397.728,00	2.610,48	313,26 €
16	HP StorageWorks MSA2000i	Storage	-		298	426	1018	3.600,00	1.072,80	0,30	0,12 €	31.536.000,00	9.397.728,00	2.610,48	313,26 €
17	HP StorageWorks MSA60	Storage	-		310	426	1018	3.600,00	1.116,00	0,31	0,12 €	31.536.000,00	9.776.160,00	2.715,60	325,87 €
18	Alcatel-Lucent OmniSwitch	Switch	-		150	214	512	3.600,00	540,00	0,15	0,12 €	31.536.000,00	4.730.400,00	1.314,00	157,68 €
19	Alcatel-Lucent OmniSwitch	Switch	-		150	214	512	3.600,00	540,00	0,15	0,12 €	31.536.000,00	4.730.400,00	1.314,00	157,68 €
20	Alcatel-Lucent OmniSwitch	Switch	-		150	214	512	3.600,00	540,00	0,15	0,12 €	31.536.000,00	4.730.400,00	1.314,00	157,68 €
21	Alcatel-Lucent OmniSwitch	Switch	-		150	214	512	3.600,00	540,00	0,15	0,12 €	31.536.000,00	4.730.400,00	1.314,00	157,68 €
22	Nortel Baystack 450	Switch	-		140	200	478	3.600,00	504,00	0,14	0,12 €	31.536.000,00	4.415.040,00	1.226,40	147,17 €
23	Nortel Baystack 450	Switch	-		140	200	478	3.600,00	504,00	0,14	0,12 €	31.536.000,00	4.415.040,00	1.226,40	147,17 €
24	Nortel Baystack 450	Switch	-		140	200	478	3.600,00	504,00	0,14	0,12 €	31.536.000,00	4.415.040,00	1.226,40	147,17 €
25	Nortel Baystack 450	Switch	-		140	200	478	3.600,00	504,00	0,14	0,12 €	31.536.000,00	4.415.040,00	1.226,40	147,17 €
26	Nortel Baystack 450	Switch	-		140	200	478	3.600,00	504,00	0,14	0,12 €	31.536.000,00	4.415.040,00	1.226,40	147,17 €
27	Nortel Baystack 450	Switch	-		140	200	478	3.600,00	504,00	0,14	0,12 €	31.536.000,00	4.415.040,00	1.226,40	147,17 €
28	Nortel Baystack 450	Switch	-		140	200	478	3.600,00	504,00	0,14	0,12 €	31.536.000,00	4.415.040,00	1.226,40	147,17 €
29	Nortel Baystack 450	Switch	-		140	200	478	3.600,00	504,00	0,14	0,12 €	31.536.000,00	4.415.040,00	1.226,40	147,17 €
30	Nortel Baystack 5510	Switch	-		135	193	461	3.600,00	486,00	0,14	0,12 €	31.536.000,00	4.257.360,00	1.182,60	141,91 €
31	HP ProCurve 1800-24G	Switch	iSC301		127			3.600,00	457,20	0,13	0,12 €	31.536.000,00	4.005.072,00	1.112,52	133,50 €
32	HP ProCurve 1800-24G	Switch	iSC302		127			3.600,00	457,20	0,13	0,12 €	31.536.000,00	4.005.072,00	1.112,52	133,50 €
33	HP Proliant DL360 G5	Server	serv-ESX01	x	593	847	2025	3.600,00	2.134,80	0,59	0,12 €	31.536.000,00	18.700.848,00	5.194,68	623,36 €
34	HP Proliant DL360 G5	Server	serv-ESX02	x	593	847	2025	3.600,00	2.134,80	0,59	0,12 €	31.536.000,00	18.700.848,00	5.194,68	623,36 €
35	HP Proliant DL360 G5	Server	serv-ESX03	x	593	847	2025	3.600,00	2.134,80	0,59	0,12 €	31.536.000,00	18.700.848,00	5.194,68	623,36 €

Summe: 48.548,62 €
Summe Server: 5.381,09 €
Summe USV: 31.536,00 €
Summe Klima: 8.462,16 €
Summe Storage: 952,39 €
Summe Switch: 2.216,98 €

Abbildung 34 - Anschlusswerte Hardwarekomponenten 2010, virtuelle Serverlandschaft[195]

---

[195] Eigene Aufstellung

Abschreibung erfolgt auf 3 Jahre, linear, steuerrechtlich
Abschreibung erfolgt auf 4 Jahre, linear, kalkulatorisch

Anlagenummer	Bezeichnung	Güterart	Status	Anschaffungsdatum	AfA Methode	Nutzungsdauer	AfA-Prozentsatz	AfA Beginn	AK
01799.000	HP-Storage Works MSA60	BW	Aktiviert	02.04.2009	LIB	36	33,30	01.04.2009	15.378,39 €
01798.000	HP DL360R05 ESX Server Storage	BW	Aktiviert	02.04.2009	LIB	36	33,30	01.04.2009	59.045,91 €
								Summe:	74.424,30 €
								lineare AfA:	24.808,10 €

Anlage	Jahr	Anlagenwert	Normal-AfA	AfA Jahr	Restbuchwert	Zinsen
01798.000	2009	59.045,91 €	14.761,91 €	14.761,91 €	44.284,00 €	3.247,53 €
01798.000	2010	44.284,00 €	19.682,00 €	19.682,00 €	24.602,00 €	2.435,62 €
01798.000	2011	24.602,00 €	19.682,00 €	19.682,00 €	4.920,00 €	1.353,11 €
01798.000	2012	4.920,00 €	4.920,00 €	4.920,00 €	- €	270,60 €

Anlage	Jahr	Anlagenwert	Normal-AfA	AfA Jahr	Restbuchwert	Zinsen
01799.000	2009	15.378,39 €	3.845,39 €	3.845,39 €	11.533,00 €	845,81 €
01799.000	2010	11.533,00 €	5.126,00 €	5.126,00 €	6.407,00 €	634,32 €
01799.000	2011	6.407,00 €	5.126,00 €	5.126,00 €	1.281,00 €	352,39 €
01799.000	2012	1.281,00 €	1.281,00 €	1.281,00 €	- €	70,46 €

Abbildung 35 - Abschreibungstabelle für VI[196]

---

[196] Eigene Aufstellung

110

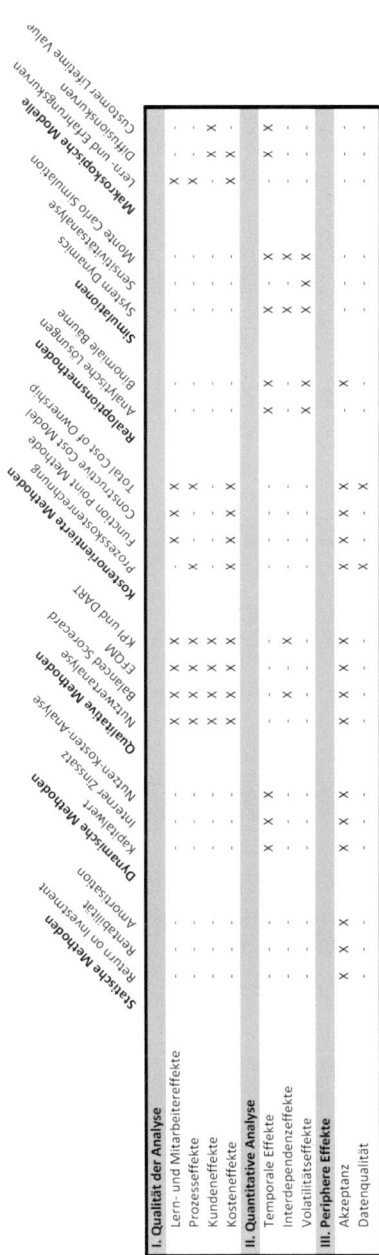

Abbildung 36 - Entscheidungsraster für Methodenwahl[197]

_____

[197] Quelle: [Hir05], S.193

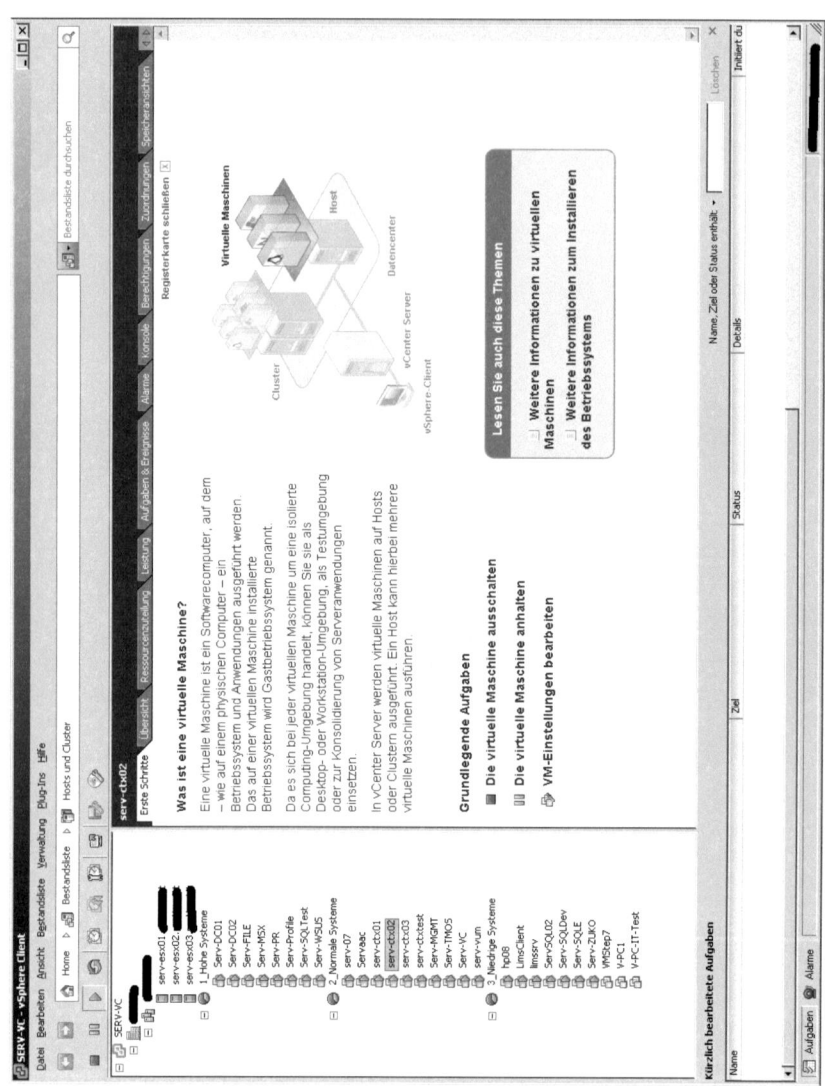

Abbildung 37 - Virtual Infrastructure Client des untersuchten Unternehmens[198]

---

[198] Eigene Abbildung

TCO 2009, virtuelle Infrastruktur

Direkte Kosten

Hardware	Anzahl	Sachkosten, einzeln	Personalkosten	Summe
HP-StorageWorks MSA2012i inkl. Dual Enclosure (16x300GB)	1	12.501,61 €	- €	12.501,61 €
HP DL360 G5 ESX Server	3	4.287,71 €	- €	12.863,12 €
HP ProCurve Switch 1800-24G	2	532,00 €	- €	1.064,00 €
HP-StorageWorks MSA60 (12x750GB)	1	4.162,30 €	- €	4.162,30 €
HP DL380 Erweiterung P800 SAS Controller	1	555,75 €	- €	555,75 €
HP-StorageWorks MSA2012i Festplatten (9x450GB)	9	602,70 €	- €	5.424,30 €
Patchkabel, Länge: 5m	35	3,72 €	- €	130,34 €
Rangierpanel	4	34,00 €	- €	136,00 €
			Zwischensumme:	*36.837,42 €*
Software				
MS Microsoft Windows Server 2008 Datacenter w/ ■■■ ores	6	1.668,23 €	- €	10.009,36 €
Vmware-VI-MID-AK-C	6	2.188,92 €	- €	13.133,53 €
			Zwischensumme:	*23.142,89 €*
Operations				
Beratung/Projektierung/Implementierung/Schulung SoftEd	1	- €	7.650,00 €	7.650,00 €
Beratung/Projektierung/Implementierung/Schulung LinkProtect	1	- €	14.580,00 €	14.580,00 €
Beratung/Projektierung/Implementierung/Schulung Atlontis	1	- €	31.825,97 €	31.825,97 €
Administration	1	- €	- €	
			Zwischensumme:	*54.055,97 €*
Verwaltung	1	- €	7.200,00 €	7.200,00 €
lineare AfA	1	24.808,10 €	- €	24.808,10 €
			Zwischensumme:	*32.008,10 €*
			Summe direkte Kosten:	*146.044,38 €*

Indirekte Kosten

	Anzahl	Sachkosten, einzeln	Personalkosten	Summe
kalk. Strom, Server	1	7.041,99 €	- €	7.041,99 €
kalk. Strom, USV	1	31.536,00 €	- €	31.536,00 €
kalk. Strom, Klima	1	8.462,16 €	- €	8.462,16 €
kalk. Strom, Switch	1	2.216,98 €	- €	2.216,98 €
kalk. Strom, Storage	1	952,39 €	- €	952,39 €
kalk. Zins	1	4.093,34 €	- €	4.093,34 €
kalk. Miete Serverraum A37	16	355,56 €	- €	5.688,89 €
Downtime (1%)	1	45.360,00 €	- €	45.360,00 €
			Summe indirekte Kosten:	*105.351,74 €*

Summe: 251.396,12 €

Abbildung 38 - TCO Auswertung 2009, virtuelle Infrastruktur[199]

---

[199] Eigene Aufstellung

TCO 2009, physische Infrastruktur

Direkte Kosten

Hardware	Anzahl	Sachkosten, einzeln	Personalkosten	Summe
HP Proliant Standardserver (Mittel), Serverhardware	30	4.643,25 €	- €	139.297,50 €
HP Proliant Standardserver (Mittel), Wartung & Garantie	30	871,75 €	- €	26.152,50 €
Alcatel-Lucent OmniSwitch 6400-P24	2	2.530,00 €	- €	5.060,00 €
Patchkabel, Länge: 5m	60	3,72 €	- €	223,20 €
Rangierpanel	4	34,00 €	- €	136,00 €
			Zwischensumme:	170.869,20 €
Software				
HP Proliant Standardserver (Mittel), Betriebssystem	30	553,25 €	- €	16.597,50 €
			Zwischensumme:	16.597,50 €
Operations				
HP Proliant Standardserver (Mittel), Installation & Konfiguration	30	- €	960,00 €	28.800,00 €
HP Proliant Standardserver (Mittel), Administration	30	- €	- €	- €
			Zwischensumme:	28.800,00 €
Verwaltung	1	- €	7.200,00 €	7.200,00 €
lineare AfA	1	72.088,90 €		72.088,90 €
			Zwischensumme:	79.288,90 €
			Summe direkte Kosten:	295.555,60 €

Indirekte Kosten

	Anzahl	Sachkosten, einzeln	Personalkosten	Summe
kalk. Strom, Server	30	496,52 €	- €	14.895,60 €
kalk. Strom, USV	1	31.536,00 €	- €	31.536,00 €
kalk. Strom, Klima	1	8.462,16 €	- €	8.462,16 €
kalk. Strom, Switch	1	2.216,98 €	- €	2.216,98 €
kalk. Strom, Storage	1	- €	- €	- €
kalk. Zins	1	4.093,34 €	- €	4.093,34 €
kalk. Miete Serverraum A37	46	355,56 €	- €	16.355,56 €
Downtime (1%)	1	45.360,00 €	- €	45.360,00 €
			Summe indirekte Kosten:	122.919,63 €

| | | | Summe: | 418.475,23 € |

Abbildung 39 - TCO Auswertung 2009, physische Infrastruktur[200]

---

[200] Eigene Aufstellung

TCO 2010, partielle Virtualisierung ERP

Direkte Kosten

Hardware	Anzahl	Sachkosten, einzeln	Personalkosten	Summe
HP Proliant DL380 G6 (SQL)	1	7.445,00 €	- €	7.445,00 €
			Zwischensumme:	7.445,00 €
Software				
Windows Server 2003 R2 SE, BIOS-locked	1	555,00 €	- €	555,00 €
			Zwischensumme:	555,00 €
Operations				
Beratung/Projektierung/Implementierung/Schulung Afontis (physisch)	1	- €	960,00 €	960,00 €
Beratung/Projektierung/Implementierung/Schulung Afontis (virtuell)	3	- €	645,00 €	1.935,00 €
Administration pro Server (Mittel)	13	- €	1.042,81 €	13.556,57 €
Administration pro VM (Mittel)	33		844,18 €	27.857,94 €
			Zwischensumme:	44.309,51 €
Verwaltung	1	- €	480,00 €	480,00 €
lineare AfA	1	2.986,67 €		2.986,67 €
			Zwischensumme:	3.466,67 €
			Summe direkte Kosten:	**55.776,18 €**

Indirekte Kosten

	Anzahl	Sachkosten, einzeln	Personalkosten	Summe
kalk. Strom, Server	13	496,52 €	- €	6.454,72 €
kalk. Strom, USV	1	31.536,00 €	- €	31.536,00 €
kalk. Strom, Klima	1	8.462,16 €	- €	8.462,16 €
kalk. Strom, Switch	1	2.216,98 €	- €	2.216,98 €
kalk. Strom, Storage	1	952,39 €	- €	952,39 €
kalk. Zins	1	492,80 €	- €	492,80 €
kalk. Miete Serverraum A37	13	355,56 €	- €	4.622,22 €
Downtime (1%)	1	45.360,00 €	- €	45.360,00 €
			Summe indirekte Kosten:	**100.097,27 €**

| | | | **Summe:** | **155.873,45 €** |

Abbildung 40 - TCO Auswertung 2010, virtuelles ERP[201]

---

[201] Eigene Aufstellung

TCO 2010, komplett physisches ERP

Direkte Kosten

Hardware	Anzahl	Sachkosten, einzeln	Personalkosten	Summe
HP Proliant DL380 G6 (SQL)	1	7.445,00 €	- €	7.445,00 €
HP Proliant DL380 G5 (Citrix)	3	4.935,00 €	- €	14.805,00 €
			Zwischensumme:	22.250,00 €
Software				
Windows Server 2003 R2 SE, BIOS-locked	4	555,00 €	- €	2.220,00 €
			Zwischensumme:	2.220,00 €
Operations				
Beratung/Projektierung/Implementierung/Schulung Afontis	4		960,00 €	3.840,00 €
Administration pro Server (Mittel)	17		1.042,81 €	17.727,83 €
Administration pro VM (Mittel)	30		844,18 €	25.325,40 €
			Zwischensumme:	46.893,23 €
Verwaltung	1		480,00 €	480,00 €
lineare AfA	1	9.436,67 €		9.436,67 €
			Zwischensumme:	9.916,67 €
			Summe direkte Kosten:	81.279,89 €

Indirekte Kosten

	Anzahl	Sachkosten, einzeln	Personalkosten	Summe
kalk. Strom, Server	17	496,52 €	- €	8.440,79 €
kalk. Strom, USV	1	31.536,00 €	- €	31.536,00 €
kalk. Strom, Klima	1	8.462,16 €	- €	8.462,16 €
kalk. Strom, Switch	1	2.216,98 €	- €	2.216,98 €
kalk. Strom, Storage	1	952,39 €	- €	952,39 €
kalk. Zins	1	1.557,05 €	- €	1.557,05 €
kalk. Miete Serverraum A37	17	355,56 €	- €	6.044,44 €
Downtime (1%)	1	45.360,00 €	- €	45.360,00 €
			Summe indirekte Kosten:	104.569,81 €
			Summe:	185.849,70 €

Abbildung 41 - TCO Auswertung 2010, physisches ERP[202]

---

[202] Eigene Aufstellung

116

	2008				2009				2010			
	Support	Admin	Projekte	Summe	Support	Admin	Projekte	Summe	Support	Admin	Projekte	Summe
01					4.735	3.730	7.857	16.322	12.883	1.818	1.323	16.024
02					6.093	3.918	3.957	13.968	9.599	2.454	2.238	14.290
03					7.141	5.088	6.023	18.252				
04					2.865	4.446	7.816	15.127				
05					4.552	3.214	7.287	15.053				
06	5.909	6.433	2.889	15.230	6.243	3.551	5.171	14.965				
07	5.909	6.433	2.889	15.230	5.571	5.060	6.797	17.429				
08	6.893	6.397	2.189	15.479	8.792	4.273	5.695	18.759				
09	9.188	5.591	1.955	16.734	5.199	3.283	8.960	17.442				
10	8.440	5.099	3.074	16.613	4.152	3.245	11.268	18.665				
11	2.727	5.010	10.772	18.509	8.214	3.621	5.883	17.718				
12	1.279	3.732	5.734	10.745	10.806	2.111	3.057	15.974				
	40.345	38.694	29.502	108.540	74.361	45.539	79.771	199.672	22.482	4.271	3.561	30.313
	5.764	5.528	4.215	15.506	6.197	3.795	6.648	16.639	11.241	2.136	1.780	15.157

Abbildung 42 - Entwicklung der IT-Kosten seit 2008[203]

---

[203] Quelle: Mittelständisches produzierendes Unternehmen

Dokumentation
Support Request No. 2371

Eingetragen: 1287	IT-Express-No.: 100645
Datum: 11.09.2009	Invest-No.:: 01207
Fällig bis: 11.09.2009	Computer: SERVCTX02
Priorität: 5	GMP / IT: ☐ / ☐

Support Request: 2371

Request Header: Projekt Virtualisierung - Nachbearbeitung Konzept und Optimierung der ESX-Infrastruktur

Gesamtaufwand: 87:30:00

Wer:	Datum:	Tätigkeit:	Zeit:
5	03.09.2009	Verkabelung am Prima IP Neu geordnet => Kabel neu verlegt. => Übersicht neu gestalltet => Aufkleber angefertigt Tabelle => IP Switch auf neue Verkabelung konfiguriert.	02:30
5	04.09.2009	Beschriftung Hotspare.	00:20
1	09.09.2009	Besprechung KU bzgl. Konzept zur Optimierung RAID-6 auf SAN für einzelne VMs => Best Practices beachten, I/O-Anforderungen der VMs, LUNs => Storage Virtualisierung optimieren (Konzept Lischewski sieht RAID-6 im Verbund vor)	01:40
5	09.09.2009	Besprechung KU bzgl. Konzept zur Optimierung RAID-6 auf SAN für einzelne VMs => Best Practices beachten, I/O-Anforderungen der VMs, LUNs => Storage Virtualisierung optimieren (Konzept Lischewski sieht RAID-6 im Verbund vor)	01:40
5	09.09.2009	Recherche Best Practice Echange / SQL / Storage / ISCSI => Einlesen DOKUMENTE / Betriebshandbücher etc => Zusammenschrift	03:30
1	10.09.2009	Besprechung KU bzgl. Konzept zur Optimierung RAID-6 auf SAN für einzelne VMs => Best Practices beachten, I/O-Anforderungen der VMs, LUNs => Storage Virtualisierung optimieren (█████hewski sieht RAID-6 im Verbund vor) => Fortsetzung	00:25
5	10.09.2009	Besprechung KU bzgl. Konzept zur Optimierung RAID-6 auf SAN für einzelne VMs => Best Practices beachten, I/O-Anforderungen der VMs, LUNs => Storage Virtualisierung optimieren (█████hewski sieht RAID-6 im Verbund vor)	00:25
5	10.09.2009	Recherche Best Practice Echange / SQL / Storage / ISCSI => Einlesen DOKUMENTE / Betriebshandbücher etc => Zusammenschrift	06:15
1	11.09.2009	Besprechung KU bzgl. Konzept zur Optimierung RAID-6 auf SAN für einzelne VMs => Best Practices beachten, I/O-Anforderungen der VMs, LUNs => Storage Virtualisierung optimieren (█████hewski sieht RAID-6 im Verbund vor) => Fortsetzung, Status-Abfrage	01:00
1	11.09.2009	Dokumentenablage unter "Z:\IT\2_Projekte\191101_Virtualisierung\Storage\01_Optimierungsdokumente"	00:10
1	11.09.2009	Erstellung Flussdiagramm für Installation Citrix und SQL Server in Vmware	01:30
5	11.09.2009	Besprechung AOL bzgl. Konzept zur Optimierung RAID-6 auf SAN für einzelne VMs => Best Practices beachten, I/O-Anforderungen der VMs, LUNs => Storage Virtualisierung optimieren (█████hewski sieht RAID-6 im Verbund vor) => Fortsetzung, Status-Abfrage	00:35
5	11.09.2009	Telefonat mit AH	00:15
5	11.09.2009	Fertigstellung Visio Sheet Raid Aufteilung LUN Erstellung	01:30
5	11.09.2009	Ablaufplan grob erstellt => Umkonfiguration RAIDS in der ESX Umgebung => Handbuch MSA 2000 ausgedruckt.	01:00
1	14.09.2009	Rücksprache KU bzgl Status Recherchen Storage-Technologien, Funktionsweise iSCSI bei Vmware, Prüfen der Konfiguration bei Protina	00:45
1	14.09.2009	Besprechung EMA, KU bzgl Strategie zur Optimierung Storage => Strategiepapier präsentiert	02:00
5	14.09.2009	Besprechung EMA, KU bzgl Strategie zur Optimierung Storage => Strategiepapier präsentiert	02:00
5	14.09.2009	Recherche Best Practice Echange / SQL / Storage / ISCSI => Einlesen DOKUMENTE / Betriebshandbücher etc => Zusammenschrift	04:00
1	15.09.2009	Testplan zur Ausfallsicherheit mit KU besprochen und im Serverraum A37 nach Vorbereitungen durch KU getestet	00:45
1	15.09.2009	1. Test schlug fehl => KU recherchierte => erneuter Test auf HA erfolgreich	00:20
5	15.09.2009	Einlesen VM HA Funktionalität.	00:30
5	15.09.2009	Ohne an der bestehenden Konfig etwas zu ändern => Vorbereitung HA Test der Virtualisierung => ServESX01 frei räumen.	00:10
5	15.09.2009	ServSQI02 und HP08 auf ServESX01 verschoben (Dienen als Testmaschinen).	00:10

1 von 5

Abbildung 43 - Tätigkeitsbericht zum Projekt Virtualisierung per IT-Support Datenbank[204]

---

[204] Quelle: Mittelständisches produzierendes Unternehmen

8 Literaturverzeichnis

Primärliteratur

[Ahn07] **Ahnert, Sven.** *Virtuelle Maschinen mit VMware und Microsoft.* München : Addison-Wesley, 2009.

[Ant95] Antweiler, Johannes. Wirtschaftlichkeitsanalyse von Informations- und Kommunikationssystemen . s.l. : Datakontext, 1995.

[Bow09] **Bowker, Mark.** *Desktop-Virtualisierung: Antriebskräfte, Herausforderungen und Best-Practices.* [PDF] Milford : Enterprise Strategy Group, Inc., 2009.

[Dev02] **Devine, Scott W., Bugnion, Edouard und Rosenblum, Mendel.** *Virtualization system including a virtual machine monitor for a Computer with segmented Architecture. US 6,379,242 B1* United States of America, 28. 05 2002.

[Gal04] **Galliers, Robert D.** *Reflections on information system strategizing.* [PDF] Oxford : Oxford University Press, 2004.

[Ger74] **Gerald J. Popek, Robert P. Goldberg.** *Formal Requirements for Virtualizable Third Generation Architectures.* [PDF] New York, NY : ACM, 1974.

[Hir05] **Hirschmeier, Markus.** *Wirtschaftlichkeitsanalysen für IT-Investitionen.* s.l. : Wiku-Verlag, 2005.

[Hir06] **Hirnle, Christoph.** *Bewertung unternehmensübergreifender IT-Investitionen.* Wiesbaden : Deutscher Universitäts-Verlag, 2006.

[Kes07] **Kesten, Ralf, Müller, Arno und Schröder, Hinrich.** *IT-Controlling - Messung und Steuerung des Wertbeitrags der IT.* München : Vahlen GmbH, 2007.

[Kir07] **Kircher, Herbert und Betzler, Boas.** *IT - Technologien, Lösungen, Innovationen.* Heidelberg : Springer-Verlag, 2007.

[Lar09] **Larisch, Dirk.** *Praxisbuch Microsoft Hyper-V.* München : Carl Hanser Verlag, 2009.

[Lar091] **Larson, Robert und Carbone, Janique.** *Windows Server 2008 Hyper-V Resource Kit.* Redmond : Microsoft Press, 2009.

[Mar06] **Marshall, David, Reynolds, Wayne A. und McCrory, Dave.** *Advanced Server Virtualization.* s.l. : Auerbach Publications, 2006.

[Mau02] **Maurer, Oliver.** *Total Cost of Ownership.* München : LMU, 2002.

[Men08] **Menken, Ivanka.** *Virtualization: The Complete Cornerstone Guide to Virtualization Best Practices.* s.l. : Emereo Pty Ltd, 2008.

[Mol07] **Molch, David.** *Virtualisierungstechnologien.* s.l. : Grin Verlag, 2007.

[Müh08] **Mühe, Hendrik.** *Virtualisierung - Geschichte, Techniken und Anwendungsfälle.* s.l. : Grin Verlag, 2008.

[Mül06] **Müller, Armin und Uecker, Peter.** *Controlling für Wirtschaftsingenieure, Ingenieure und Betriebswirte.* Leipzig : Carl Hanser Verlag, 2006.

[Oku06] **Okujava, Shota.** *Wirtschaftlichkeitsanalysen für IT-Investitionen.* s.l. : Wiku-Verlag, 2006.

[Oll092] **Ollischer, Alexander.** SAP GUI Implementierung auf der Citrix-Plattform. *Seminararbeit.* München : s.n., 2009.

[Run08] **Runge, Roland, et al.** *VMware Infrastructure 3 im Business-Umfeld.* München : Addison-Wesley, 2008.

[Sch071] **Schwan, Robert.** *Das Konzept des Total Cost of Ownership (TCO) in der IT.* Wiesbaden : Grin Verlag, 2007.

[Sch08] **Schönherr, Ludwig.** *Wirtschaftlichkeitsanalysen von IT Systemen.* s.l. : Vdm Verlag Dr. Müller, 2008.

[Sch09] **Schmidt, Lars.** *Total Cost of Ownership-basierte Kosten-Nutzen-Analyse bei Virtualisierung.* Leipzig : Grin Verlag, 2009.

[Spr07] **Sprang, Henning, et al.** *Xen - Virtualisierung unter Linux.* München : Open Source Press, 2007.

[Tho07] **Thorns, Fabian (Hrsg.).** *Das Virtualisierungs-Buch.* Böblingen : C&L Computer- und Literaturverlag, 2007.

[VMw06] —. **Virtualization Overview.** [PDF] Palo Alto, CA : VMware, Inc., VMware, Inc., 2006.

[VMw07] **VMware, Inc.** *Understanding Full Virtualization, Paravirtualization, and Hardware Assist.* [PDF] Palo Alto, CA : VMware, Inc., 2007.

[VMw09] **VMware, Inc.** *Software and Hardware Techniques for x86 Virtualization.* [PDF] Palo Alto, CA : VMware, Inc., VMware, Inc., 2009.

[Wil07] **Williams, David E. und Garcia, Juan.** *Virtualization with Xen.* s.l. : Syngress Publishing, Inc., 2007.

[Zim06] **Zimmer, Dennis.** Professionelle Virtualisierungsprodukte: ein Überblick. *iX.* 2006, 05.

Sekundärliteratur

[Wol05] **Wolf, Chris und Halter, Erick M.** *Virtualization: From Desktop to the Enterprise.* Berkeley : APress, 2005.

[Win09] **Winkler, Peter.** *Computer Lexikon 2010.* München : Markt+Technik Verlag, 2009.

[VMw08] —. *Produktdatenblatt - VMware ESX 3.5.* [PDF] Unterschleißheim/Lohhof : VMware, Inc., 2008.

[Tul09] **Tulloch, Mitch.** *Understanding Microsoft Virtualization Solutions.* s.l. : Microsoft Press, 2009.

[Tie07] **Tiemeyer, Ernst (Hrsg.).** *Handbuch IT-Management (2.Auflage).* München : Carl Hanser Verlag, 2007.

[Sta04] **Stahlknecht, Peter und Hasenkamp, Ulrich.** *Einführung in die Wirtschaftsinformatik.* s.l. : Springer Verlag, 2004.

[Sch07] **Schundau, Hendrik.** *Wirtschaftlichkeitsbetrachtung von IT-Investitionen im deutschen Mittelstand.* s.l. : Diplomica Verlag, 2007.

[Ruf08] **Ruf, Walter und Fittkau, Thomas.** *Ganzheitliches IT-Projektmanagement.* München : Oldenbourg Wissenschaftsverlag GmbH, 2008.

[Rei07] **Reischl, Thomas.** *Virtualisierung – Technologien und Systeme.* [PDF] München : TUM, 2007.

[Por85] **Porter, Michael E. und Millar, Victor E.** *How Information Gives You Competitive Advantage.* [PDF] Boston : Harvard Business School Publishing, 1985.

[Ote06] **Otey, Michael.** *Server Consolidation Essentials.* s.l. : Windows & .NET Magazine, 2006.

[Oll09] **Ollischer, Alexander.** Best Practices zur Virtualisierung von Microsoft Domain Controller und Exchange Server 2003. *Seminararbeit.* München : s.n., 22. Juni 2009.

[Lüc91] **Lücke, Wolfgang.** *Investitionslexikon.* München : Verlag Franz Vahlen, 1991.

[Lam09] **Lampe, Frank.** *Green-IT, Virtualisierung und Thin Clients.* s.l. : Vieweg+Teubner, 2009.

[Küt09] **Kütz, Martin.** *Kennzahlen in der IT (3. Auflage).* Heidelberg : dpunkt.verlag GmbH, 2009.

[Kuh06] **Kuhn, Philipp.** *Darstellung und Analyse des Total Cost of Ownership-Ansatzes.* München : Grin Verlag, 2006.

[Kre04] **Krempl, Stefan.** Das Casino-Prinzip - Warum so viel IT-Großprojekte scheitern. *c't.* 2004, 23.

[Kap09] **Kappel, Jason A., Velte, Anthony T. und Velte, Toby J.** *Microsoft Virtualization with Hyper-V.* New York : McGraw-Hill, 2009.

[Kai06] **Kainz, Gerd.** *Virtual Machines - Eine Einführung.* [PDF] München : TUM, 2006.

[Gol08] **Golden, Bernard und Scheffy, Clark.** *Virtualization for Dummies.* s.l. : Wiley Publishing, Inc., 2008.

[Ger06] **Gerstel, Markus.** *Virtualisierungsansätze mit Schwerpunkt Xen.* [PDF] München : TUM, 2006.

[Els05] **Elsener, Markus.** *Kostenmanagement in der IT.* Bonn : mitp-Verlag, 2005.

[Cas09] **Casselman, Brian, Reeser, Tim und Kaplan, Steve.** *XenApp Platinum Edition for Windows - The Official Guide.* s.l. : McGraw-Hill, 2009.

[Buc09] **Buchta, Dirk, Eul, Marcus und Schulte-Croonenberg, Helmut.** *Strategisches IT-Management.* s.l. : Gabler, 2009.

[Bru09] **Brugger, Ralph.** *Der IT Business Case (2. Auflage).* Berlin : Springer Verlag, 2009.

[Bor07] **Born, Achim.** Mythen und Mühen. *iX.* 2007, 2.

[Bor03] **Borchers, Detlef.** Verursacherbedingt verspätet - Das "fortschrittlichste Maut-System der Welt" und die Realität. *c't.* 2003, 22.

[Bor04] **Borchers, Detlef und Schulzki-Haddouti, Christiane.** Risikokapital - Die Gesundheitskarte, ein gigantisches IT-Projekt. *c't.* 2004, 15.

[Bor05] **Borchers, Detlef.** Nun doch ein Vorzeigeprojekt - Das LKW-Mautsystem soll zum Exportschlager werden. *c't.* 2005, 2.

Internetquellen

[AnI04] **Virtualization, An Introduction to.** Singh, Amitz. [Online] 01. Januar 2004. [Zitat vom: 22. September 2009.] http://www.kernelthread.com/publications/virtualization/.

[DAT10] ITWissen.info. **Paravirtualisierung**. [Online] DATACOM Buchverlag GmbH, 31. Januar 2010. [Zitat vom: 31. Januar 2010.] http://www.itwissen.info/definition/lexikon/Paravirtualisierung-para-virtualization.html.

[Fre02] **FreePatentsOnline.com.** Virtualization system including a virtual machine monitor for a computer with a segmented architecture. [Online] 28. 05 2002. [Zitat vom: 21. 09 2009.] http://www.freepatentsonline.com/6397242.html.

[Ger09] **Gerard, David.** Wine History. [Online] 01. Januar 2009. [Zitat vom: 23. September 2009.] http://wiki.winehq.org/WineHistory.

[Sie09] **Siebert, Eric.** A brief history of VMware. [Online] 16. 02 2009. [Zitat vom: 21. 09 2009.] http://itknowledgeexchange.techtarget.com/virtualization-pro/a-brief-history-of-vmware-2/.

[The03] **Economist, The.** Paradise lost. *The Economist.* [Online] 8. Mai 2003. [Zitat vom: 29. September 2009.] http://www.cis.gsu.edu/~dtruex/courses/CIS8660/CasesArticles/ParadiseLostEconomist.html.

[Pro101] Thommen, Prof. Dr. Jean-Paul. Gabler Wirtschaftslexikon - **Wirtschaftlichkeitsprinzip**. *Gabler Wirtschaftslexikon.* [Online] Springer Fachmedien, 21. Februar 2010. [Zitat vom: 21. Februar 2010.] http://wirtschaftslexikon.gabler.de/Archiv/5455/erwerbswirtschaftliches-prinzip-v5.html.

[Pro10] Weber, Prof. Dr. Dr. h.c. Jürgen. Gabler Wirtschaftslexikon - **Wirtschaftlichkeit**. *Gabler Wirtschaftslexikon.* [Online] Springer Fachmedien, 21. Februar 2010. [Zitat vom: 21. Februar 2010.] http://wirtschaftslexikon.gabler.de/Archiv/3570/wirtschaftlichkeit-v5.html.

[Vir09] **VirtualizationWorks.com.** VMware - Virtualization History. [Online] [Zitat vom: 22. September 2009.] http://www.virtualizationworks.com/Virtualization-History.asp.

[Wik091] —. **MODE32**. *MODE32.* [Online] Wikipedia.de, 02. 08 2009. [Zitat vom: 21. 09 2009.] http://de.wikipedia.org/wiki/MODE32.

[Wik0918] —. **Hypervisor**. *Hypervisor.* [Online] Wikipedia.org, 2. September 2009. [Zitat vom: 24. September 2009.] http://en.wikipedia.org/wiki/Hypervisor.

[Wik092] —. **Timeline of virtualization development**. Timeline of virtualization development. [Online] Wikipedia.org, 1. September 2009. [Zitat vom: 22.

September 2009.]
http://en.wikipedia.org/wiki/Timeline_of_virtualization_development.

[Wik0920] —. **Secure Virtual Machine**. *Secure Virtual Machine.* [Online]
Wikipedia.de, 28. März 2009. [Zitat vom: 24. September 2009.]
http://de.wikipedia.org/wiki/Secure_Virtual_Machine.

[Wik0921] —. **IOMMU**. *IOMMU.* [Online] Wikipedia.org, 28. August 2009. [Zitat
vom: 24. September 2009.] http://en.wikipedia.org/wiki/IOMMU.

[Wik0922] **Wikipedia.de.** AMD Virtualization. *AMD Virtualization.* [Online]
Wikipedia.de, 25. August 2009. [Zitat vom: 24. September 2009.]
http://de.wikipedia.org/wiki/AMD_Virtualization.

[Wik0925] —. **Virtualisierung**. *Virtualisierung.* [Online] Wikipedia.de, 10. September
2009. [Zitat vom: 25. September 2009.]
http://de.wikipedia.org/wiki/Virtualisierung_(Informatik).

[Wik0926] —. **Emulation**. *Emulation.* [Online] Wikipedia.de, 10. Februar 2009. [Zitat
vom: 31. Januar 2010.] http://de.wikipedia.org/wiki/Emulation.

[Wik0927] —. **Popek and Goldberg virtualization requirements**. *Popek and
Goldberg virtualization requirements.* [Online] Wikipedia.org, 26. Nov 2009.
[Zitat vom: 08. Feb 2010.]
http://en.wikipedia.org/wiki/Popek_and_Goldberg_virtualization_requirements.

[Wik093] —. **IBM M44/44X**. *IBM M44/44X.* [Online] Wikipedia.org, 22. Januar 2009.
[Zitat vom: 22. September 2009.] http://en.wikipedia.org/wiki/IBM_M44/44X.

[Wik094] Wikipedia.org. **Atlas Computer (Manchester).** *Atlas Computer
(Manchester).* [Online] Wikipedia.org, 3. September 2009. [Zitat vom: 22.
September 2009.] http://en.wikipedia.org/wiki/Atlas_Computer_(Manchester).

[Wik099] —. **Microsoft Virtual PC**. *Microsoft Virtual PC.* [Online] Wikipedia.org, 11.
September 2009. [Zitat vom: 22. September 2009.]
http://en.wikipedia.org/wiki/Microsoft_Virtual_PC.